청년의 시간

부르심을 살아가는 오늘
청년의 시간

지은이 | 폴 손
옮긴이 | 정성묵
초판 발행 | 2017. 09. 04
11쇄 발행 | 2023. 1. 30
등록번호 | 제1988-000080호
등록된 곳 | 서울특별시 용산구 서빙고로 65길 38
발행처 | 사단법인 두란노서원
영업부 | 2078-3352   FAX | 080-749-3705
출판부 | 2078-3331

책값은 뒤표지에 있습니다.
ISBN 978-89-531-2951-1 03230

독자의 의견을 기다립니다.
tpress@duranno.com   www.du-anno.com

두란노서원은 바울 사도가 3차 전도여행 때 에베소에서 성령 받은 제자들을 따로 세워 하나님의 말씀으로 양육하던 장소입니다. 사도행전 19장 3-20절의 정신에 따라 첫째 목회자를 돕는 사역과 평신도를 훈련시키는 사역, 둘째 세계선교(TIM)와 문서선교(단행본·잡지) 사역, 셋째 예수문화 및 경배와 찬양 사역, 그리고 가정·상담 사역 등을 감당하고 있습니다. 1980년 12월 22일에 창립된 두란노서원은 주님 오실 때까지 이 사역들을 계속할 것입니다

부르심을 살아가는 오늘

청년의 시간

폴 손 지음

정 성 묵 옮김

Quarter-life Calling

두란노

목차

폴 손은 '진정한 자신-무엇을 좋아하고, 무엇을 잘하며, 어째서 살아가는지'를 알아가며, 하나님께서 허락하신 사명을 발견함으로써 얻게 되는 통합감과 행복감으로 가는 길을 매우 통찰력 있게 제시합니다. 하지만 이 길은 현재와 동떨어진 길도, 혹은 너무 어려워서 따라갈 수 없는 길드 아닌, 그저 한 걸음 먼저 앞서 간 같은 시대를 살아가는 청년의 입장에서 제시하는 '함께 걸어갈 수 있는 길'이며 지금의 삶 속에서 구체적으로 적용할 수 있는 '넓은 길'입니다. 성경에서의 넓은 길은 좋지 않지만 폴 손과 함께하는 이 넓은 길에는 많은 독자들이 함께 했으면 좋겠습니다. 자기 자신과 사명에 대해 더욱 알고자 하는 사람이라면 청년뿐만이 아니라 그 누구에게라도 도움이 될 것이라 확신합니다.

송태근
삼일교회 담임목사

6

Sweet Spot! 라켓에 공이 딱 맞는 순간 홈런을 예감합니다. 이 책을 읽으면 '나의 인생도 스위트 스팟을 찾아 홈런을 칠 수 있다'라는 자신감을 찾게 됩니다. '어쩜 이렇게 삶의 목적과 의미, 신앙과 직업에 대해 구체적이며 실질적인 책이 있을까' 하는 감탄사가 나왔습니다. 폴 손이라는 생소한 젊은 작가가 길을 찾지 못한 많은 한국의 청년들에게 등불을 밝혀 주리라는 소망을 갖게 한 '청년의 시간'이 너무나도 기대됩니다.

문애란
G&M 글로벌문화재단 대표

'5포 세대', '흙수저/금수저론', '갑질'이란 표현들은 청년이 마주한 실상을 고발합니다. 그런데 보이지 않으나 더 큰 위기는 이런 현실 속에서 소망과 소명을 잃는 일일 것입니다. 본서는 매우 반갑고 시의적절합니다. 젊은 저자는 청년들과의 공감대를 강점으로 소명의 본질과 적용을 풀어냅니다. 거기에 얕지 않은 저자의 학문적 묵상은 그가 말하는 소명의 정당성에 힘을 부여합니다. 본서가 교차로에서 길을 찾기 갈망하는 청년들에게 친절한 안내서로 활용되길 바랍니다.

김병삼
만나교회 담임목사

목표goal가 개인적인 차원이라면 독적의식purpose은 개인을 넘어서는 차원을 의미합니다. 이런 점에서 이 책의 저자인 폴 손은 그 누구보다 이른 나이에 목표를 넘어 목적의식을 갖게 된 탁월한 청년입니다. 그리고 이 책은 이 청년이 어떤 고민과 과정을 통해 이렇게 멋진 하나님의 사람으로 성장했는지를 보여 주는 귀한 책입니다. 인생의 소명을 발견하기 원하는 여러분에게 일독을 권합니다.

최유강
드림터치포올 대표

정말 마음에 드는 책이다! 이 책을 읽는 사람마다 매일 하나님 나라를 생각하며 살게 될 것이다. 페이지마다 영양가가 가득하니 이 책을 놓치지 마라.

제레미 쿠비체크Jeremie Kubicek
자이언트 월드와이드GiANT Worldwide 공동 설립자, 《5 Voices》와 《5 Gears》 저자

이 책은 밀레니엄 세대에게 꼭 필요한 로드맵으로 인생 2쿼터의 위기를 무사히 항해하기 위한 방향키를 제공한다. 그야말로 밀레니엄 세대를 위한 '목적이 이끄는 삶'이라 할 만하다. 이 여행에 없어서는 안 될 동반자다.

프랜시스 헤셀베인Frances Hesselbein
프랜시스 헤셀베인 리더십 연구소Frances Hesselbein Leadership Institute CEO

중년의 위기가 닥치고 나서 소명과 커리어에 관한 중요한 질문을 던지면 너무 늦다! 지금 이 책을 읽고 당신의 소명을 온전히 받아들여 당신의 스위트 스폿 안에서 살기 시작하라.

피터 그리어Peter Greer
호프 인터내셔널 HOPE International CEO, 《40/40 Vision》과 《Mission Drift》 공동 저자

이 책은 진정한 삶을 설계하도록 돕는 지혜와 실용적인 활동, 바로 행동으로 옮길 수 있는 조언이 가득한 종합선물세트다. 의미 있고 성공적인 삶으로 가는 지름길을 알려 주는 귀한 책이다. 박스째 사서 청년들에게 뿌릴 생각이다.

스킵 프리처드Skip Prichard
온라인 컴퓨터 도서관 센터 OCLC, Online Computer Library Center의 CEO, 리더십에 관한 블로거

당신의 소명은 무엇인가? 지금까지 기독교계에서 믿음, 일, 직업에 관한 토론은 활발하게 벌였지만 밀레니엄 세대의 문제는 늘 관심 밖이었다. 하지만 이제 밀레니엄 세대가 밀레니엄 세대를 위해 쓴 이 책을 꼼꼼히 읽고 그들을 다뤄야 할 때다.

매튜 캐밍크Matthew Kaemingk
신학·노스웨스트 컬처 풀러 인스티튜트Fuller Institute for Theology and Northwest Culture 총괄책임자

이 책은 나이를 막론하고 야심만만한 사람들의 현실을 적나라하게 파헤친다. 폴은 중년의 위기를 40-50년이 아닌 25년으로 압축시켰다. 그는 자기 세대의 청년들이 공허한 '행복'에 15년 이상 허비하지 않고 목적과 소명을 추구하는 기쁨이 충만한 삶을 살도록 돕기 위해 나섰다.

케빈 W. 맥카시Kevin W. McCarthy

《목적형 인간》(21세기북스, 2008)과 《The On-Purpose Business Person》 저자

나이를 뛰어넘는 경험과 지혜를 지닌 폴은 중요한 시기에 중요한 메시지를 전할 수 있는 독특한 위치에 있다. 이 책은 밤낮없이 목적과 의미를 찾아 헤매는 세대를 위한 책이다. 폴은 이 책에서 친구의 음성에 멘토의 권위를 얹어 청년들에게 현재 상태에 눌러앉지 말고 소명의 스위트 스폿 안에서 가슴 떨림을 발견하라고 외치고 있다.

제니 캐트론Jenni Catron

리더십 코치, 《The 4 Dimensions of Extraordinary Leadership》 저자

나는 이십 대의 성공은 잔치를 즐기는 것이기보다 상을 차리는 것이라는 말을 자주 한다. 지혜와 통찰, 솔직함으로 버무려진

이 책은 청년들에게 '상을 차려' 목적과 의미 있는 성공을 경험하는 법을 알려 준다. 폴은 독자들이 '무엇을 하고 싶은가?'가 아니라 '무엇이 왜 되고 싶은가?'라는 질문을 스스로 고민할 수 있도록 도와준다. 당신이 분명함과 정체성, 목적을 찾는 여행 중이라면 반드시 이 책을 가방에 챙기기를 바란다.

폴 앵고니Paul Angone
《101 Secrets For Your Twenties》 저자

이 책은 무의미한 경쟁에서 해방되기를 원하는 밀레니엄 세대, 자신이 중요한 무언가를 위해 창조되었다고 믿는 청년들에게 소명을 찾기 위한 강력하고 실결적인 조언을 제공한다.

브래드 로메닉Brad Lomenick
캐털리스트 컨퍼런스Catalyst Conference 전 회장, 《H3 Leadership》 저자

폴은 삶의 진정한 의미를 찾도록 독자들의 마음을 움직이는 법을 정확히 알고 있다. 이 책은 젊은 청년들이 섭취하고 소화시켜야 할 최고의 영양식이다. 그는 자신의 이야기를 솔직하게 나누며 현대 사회의 현실을 신랄하게 꼬집은 뒤에 스위트 스폿을 발견하기 위한 핵심 요소를 파헤친다. 이 책을 읽는 이마다 자

신의 소명을 발견하여 하나님의 영광을 위해 살게 될 것이다.

다니엘 박Daniel Park
뉴송 교회New Song Church 담임목사

내가 대학 시절에 이 책이 나왔다면 얼마나 좋았을까? 참으로 진중하고 실용적인 책이다. 하나님이 주신 소명에 관해 명쾌하게 정리해 준다. 이십 대 초에 나는 내가 무엇으로 부름을 받았는지, 무슨 일에 재능이 있는지 몰랐다. 아니, 소명이나 재능에 관해 생각해 본 적도 없었다. 천직이나 목적이라는 개념을 전혀 알지 못했고 일은 그저 해야 하기 때문에 하는 것이었다. 폴은 이 문제를 체계적이고 흥미롭게 풀어 준다. 이 책은 경쟁심이 강한 일꾼이나 태평한 예술가 모두에게 귀한 자산이 될 것이다.

바나바 파이퍼Barnabas Piper
《Help My Unbelief》 저자, 〈5 Leadership Questions〉 공동 진행자

이 책은 적절한 때에 나온 적절한 메시지다. 적절한 때인 것은 지금 수많은 청년이 커리어와 가정에 관한 중요한 결정을 마주하고 있기 때문이다. 적절한 메시지인 것은 의미 있는 삶을 추

구하는 청년들에게 하나님의 계획 중심으로 가는 길을 가르쳐 주기 때문이다. 그 결정은 몇 십 년 후의 삶에 관한 방향을 설정할 것이다. 하지만 이 책의 가장 늘라운 점은 따로 있다. 그것은 폴이 이 메시지를 그대로 실천하고 남들도 그렇게 하도록 돕고 있다는 것이다. 그만큼 이 메시지는 검증된 것이요, 삶을 변화시킬 만큼 강력하다.

마크 페이|Marc Fey
《210 Project》 저자

폴은 또래 중 군계일학과도 같은 친구다. 이 책은 분명한 의도와 열정, 목적으로 살아가는 법을 알려 주는 지침서다. 이십 대를 겨냥하고 있지만 정체성이나 운명, 유산에 관한 질문과 씨름하고 있다면 누구나 읽어도 좋은 책이라고 생각한다. 인생의 어느 시기에 있든 당신을 위한 지혜가 바로 이 책 속에 있다.

태미 헤임|Tami Heim
기독교 리더십 연맹Christian Leadership Alliance CEO

폴은 젊은 리더들이 소명을 찾는 것이 얼마나 중요한지에 관해 내가 아는 그 어떤 리더보다 깊이 고민한다. 그래서 그는 젊은 리더들을 돕는 일을 소명으로 삼아 열심히 실천하고 있다.

벤 샌드Ben Sand
포틀랜드 리더십 재단Portland Leadership Foundation CEO

젊은 사람들 또는 마음이 젊은 사람들이면 누구나 이 책을 읽어야 한다. 누구든지 옳다고 믿었던 것이 완전히 틀렸다는 사실을 발견하는 순간이 있다. 이 책이 당신을 그런 혼란에서 분명함 곧 당신의 소명으로 안내해 줄 것이다.

제프 고인스Jeff Goins
《일의 기술》(CUP, 2016) 저자

CCC리더로서 내 삶은 대부분 우리 기관의 여자 간사들이 소명을 발견하도록 격려하고 돕는 데 쏟았다. 우리는 사명을 위해 그들 각자가 잠재력을 최대한 발휘해 주길 바란다. 이 책은 막 여행을 시작한 우리 기관의 젊은 여성들은 물론, 이 길을 한참 걸어온 이들에게도 감명적이고 실용적인 책이 될 것이다.

주디 더글러스Judy Douglass
CCC 리더

청년들을 만날 때마다 항상 묻는 질문이 있다. "당신의 꿈은 무엇입니까?" 사실 삶에서 끊임없기 되풀이하는 질문이지만 대다수의 청년들은 쉽게 말을 이어나가질 못한다. 출세가 성공의 지표가 된 세상에서 인생의 꿈을 묻고 실천하기란 여간 어려운 일이 아니다. 대학 시절의 나 역시 별다르지 않았다. 좋은 직장을 얻기 위해 전공에 집중하고 스펙 쌓기에 많은 노력을 기울였지만, 그 일들이 소명과 연결된 것인지는 확신할 수 없었다.

하지만 마음속에는 항상 진정으로 가슴 뛰는 일에 대한 갈망이 있었다. 나는 직장을 취직하고 나서야 비로소 인생의 꿈과 소명에 대해 진지하게 생각하게 되었다. 젊은 나이에 탄탄대로의 삶을 보장받았지만 피해갈 수 없는 공허감으로 고통받았기 때문이다. 결국 갈수록 깊어지는 물음 앞에 손에 쥐고 있던 것들을 내어놓고 진정한 꿈, 소명을 찾는 일에 몰두하기 시작했다.

더 나아가 지금 내 삶의 방향이 하나님이 부르신 길로 향하고 있는지 진지하게 고민했다. '나는 누구인가? 어떤 일을 할 때 가장 나다운 모습으로 설 수 있는가? 삶의 목적은 무엇인가? 앞으로 어떻게 살아가야 하는가? 나는 어떤 사람으로 기억되고 싶은가?' 다소 깊은 주제인 존재론적인 질문에 대한 답을 찾기 위해 씨름했다.

하지만 이것이 비단 나의 질문만은 아니라는 것을 알게 되었다. 세계 여러 나라 청년들과 소통하며 그들도 나와 같은 고민과 질문이 있다는 것을 깨달았다. 내가 원하지도 않는 삶을 위해 열심을 내고 스펙 쌓기에 매진하는 여느 청년이라면 삶의 목적과 의미에 대한 씨름은 언젠가 한번은 앓아야 하는 성장통이었던 것이다. 그때부터 나는 오랜 시간 소명에 대한 탐구를 했고, 마침내 청년들을 위한 "Quarter-Life Calling"이라는 책을 미국에서 출간하게 되었다.

몇 년 전 멘토가 나에게 잊지 못할 질문을 던진 적이 있다. "폴, 만약에 너에게 전 세계에 생중계 되는 텔레비전 앞에 설 수 있는 기회가 주어진다면, 어떤 이야기를 전해주고 싶니?" 당시에는 한 번도 생각해 보지 못한 질문이라 만족스러운 대답을 할 수 없었지만, 지금은 확실하게 말할 수 있다. "당신은 하나님의 위대한 작품입니다. 각 사람에게는 하나님이 빚어 주신 고유의 성격, 재능, 열정, 그리고 삶의 이야기가 있습니다. 이것이야말로 당신의 소명을 찾게 하는 이정표입니다!"

2017년 가을, 이 책이 <청년의 시간>으로 번역 출간되어 한국 독자들을 만날 수 있게 해주신 하나님께 감사드린다. 이 책이 청년들의 삶을 돌아보고 소명을 찾는 데 작은 도움이 될 수 있기를 간절히 기도한다.

폴 손 Paul Sohn

캐나다에서 나는 홈스테이를 하는 거실의 카펫 위에 양반다리로 앉아 테니스 우상인 로저 페더러의 윔블던 시합을 시청하곤 했다. 페더러가 푸른 잔디 위에서 경기하는 모습은 마치 피카소나 미켈란젤로의 붓놀림을 보는 듯했다. 움직임 하나하나가 그야말로 예술이었다. 깃털 같은 스윙으로 공을 내리꽂아 상대방의 혼을 빼놓았다. 서브를 마친 그는 고양이처럼 살포시 땅에 내려앉았다. 그의 발은 늘 만반의 준비가 되어 있어서 어떤 회전과 기술이 들어간 공도 완벽하게 받아치며 득점을 만들어냈다. 그런 그의 플레이를 볼 때마다 혀를 내두를 수밖에 없었다. '어떻게 모든 공을 저리도 아름답고도 우아하게 칠 수 있단 말인가.' 그는 라켓이 공을 치는 순간 득점인지 아는 것 같았다. 그의 얼굴을 보면 그가 스위트 스폿sweet spot(라켓으로 공을 칠 때, 많은 힘을 들이지 않고 원하는 방향으로 멀리 빠르게 날아가는 최적 지점)을 쳤는지를 알 수 있었다.

나는 9학년 체육 시간에 테니스를 접한 이후 테니스라는 스포츠에 정신없이 빨려들었다. 매일 친구들과 시간 가는 줄도 모르고 서브와 발리, 스트로크를 연습했던 기억이 난다. 처음에는 겨우 열 번에 한 번 정도 스위트 스폿을 치는 수준이었다. 몇 년 동안 별로 발전이 없자 안 되겠다 싶어 코치를 찾아갔다. 그때부터 뼈를 깎는 노력 끝에 에이스를 치고 라켓을 내 팔의 연장선처럼 다룰 수 있게 되었다.

하지만 내가 일관되게 에이스를 치고 패싱샷을 성공한 것은 고등학교 때부터다. 서브 득점이나 패싱샷을 성공시키는 것은 언제나 테니스 라켓의 스위트 스폿을 칠 때였다. 공이 라켓의 정확한 지점에 닿으면 손에 착 감기는 느낌이 나고 청명한 소리가 들렸다. 그럴 때면 심장이 마구 뛰며 나도 모르게 "바로 이거야!"라는 탄성이 나왔다.

그런데 알고 있는가? 우리의 삶에도 스위트 스폿이 있다. 하나님이 우리를 부르신 곳, 매일 넘치는 의욕으로 살 수 있는 곳, 희망과 비전이 넘치는 곳, 그 안에 살면 그야말로 살맛이 난다. 하나님은 누구나 특별히 잘하는 것이 있도록 설계하셨다. 하지만 대부분의 사람들은 아직 그것을 찾지 못했다. 그 인생의 스위트 스폿을 알지 못하면 타고난 목적을 위해 살지 못하기 때문에 무엇을 해도 가슴이 답답하고 신바람이 나질 않는다. 삶의 목적과 의미가 없으니 하루하루 고역이고 타고난 강점과 재능이 썩고 있는 기분이 든다. 일이나 삶에 전혀 열정을 느끼지 못하는 것이다.

이십 대 때 나는 인생 2쿼터의 위기를 겪었다. '졸업 후에 무엇을 할 것인가? 진로를 확실히 정했는가?' 대학 시절 내내 이런 질문이 나를 따라다녔다. 당시에는 성공해서 이름을 날려야 한다는 주변의 압박이 엄청났다. 친구나 가족 또는 교수님이 이런 질문을 던지면 익히 연습해 두었던 대사를 읊었다. "제 꿈은 포춘(미국의 종합 경제지) 500대 기업의 최연소 인사 담당 최고 책임자가 되는 것입니다. 그 목표를 이루기 위해 최선을 다할 것입니다."

그리고 실제로 뼈를 깎는 노력을 했다. 매일 나 자신을 한계까지 몰아붙였다. 대학에서는 불가능에 가까운 평점 4.0에 도달하기 위해 밤새기를 밥 먹듯이 했다. 성공하려면 공부가 최선의 길이라고 판단했기 때문이다. 새로운 동아리를 만들고 학생회에 참여하는 식으로 공부 외의 활동에도 열심을 냈다. 경험도 경험이지만 뛰어다니는 만큼 이력서의 내용이 알차지기 때문이었다.

인내는 결실을 맺었다. 모두 부러워할 만한 세계 최대 항공우주 기업에 인턴으로 들어갔고 후에 정직원이 되었다. 그 정도면 성공했다고 자부했다. 고위 경영진과 함께 중요한 회의에 참석하고 기업 차원의 거대한 프로젝트도 이끌었다. 놀랍게도 스물여섯 살에 연봉은 이미 7만 5천 달러를 돌파했다. 보험을 여러 개 들어 놓았고 퇴직금도 착착 쌓여가니 아무 걱정이 없었다.

친구들은 기업 세계의 사다리를 거침없이 올라가는 나를 부러워했고 가족들은 부귀영화의 산을 쌓아가는 나를 보며 흐뭇해했다. 그 당시 내 머릿속에는 실적밖에 없었다. 일터의 스타 플레이어가 되기 위한 자기계발에 온 힘을 쏟았다. 경영과 리더십 관련 서적 및 〈월스트리트저널〉을 읽고 수시로 저명한 비즈니스 리더들을 찾아가 업계의 최신 동향을 귀동냥했다. 향후 5년, 10년, 15년을 위한 인생 계획도 세웠다.

완벽한 청사진이 완성되었고 모든 것이 완벽해 보였다. 하지만 만사가 척척 진행되는데 이상하게 행복하지 않았다. 물론 남들 앞에서는 절대 티내지 않았다. 심지어 나 자신도 이런 현실을 인정하지 않았다. 인정하면 한없이 무너져 내릴 것 같기 때문이었다. 평생 그 꿈 하나만 바라보고 달려왔는데 열심히 일할수록 오히려 일에 대한 흥미가 떨어졌다. 어느 날 문득 거울을 보니 예전의 활기찬 청년이 아닌 허무의 바다를 떠다니는 시체가 보였다. 날마다 죽지 못해 살았고 일은 지루한 고역으로 느껴졌다.

일터에서의 불만족은 영적인 삶에도 깊은 그림자를 드리웠다. 나는 하나님으로부터 점점 멀어져 어느 날 정신을 차리고 보니 '선데이 크리스천'이 되어 있었다. 신앙이 일에 전혀 영향을 미치지 못했다. 오히려 불만족스러운 현실에 대해 하나님께 짜증을 내고 그분을 의심의 눈초리로 보기 시작했다.

나는 이런 좌절감의 끝에서 인생에 대한 불편한 질문들을 마주했다. '이렇게 되려고 열심히 노력했는가? 나는 왜 여기에 있는가? 내가 하는 일이 하나님께도 중요한가? 내 인생의 소명과 목적은 무엇인가? 그저 잠시 심신이 피곤해서 나타난 증상뿐인가? 성공의 진정한 의미는 무엇인가?' 그러던 중 내 심정을 정확히 대변해 주는 글을 발견했다. 그것은 영적 거장이었던 수도사 토머스 머튼Thomas Merton의 글이었다. "평생 성공의 사다리를 기어올라 결국 꼭대기에 오른다 해도 그 사다리가 엉뚱한 벽에 기대어 있을 수 있다."[1]

그때 나는 원하지 않는 삶을 위해 열심히 일하고 있다는 사실을 깨달았다. 매일 방향을 잃고 엉뚱한 벽에 기대어 있는 기분이 나를 괴롭혔다. 마침내 나는 답을 찾기 시작했다. 경영 분야가 아닌 자기계발과 동기유발 분야를 뒤지기 시작했다. 내 소명에 관한 작은 단서 하나라도 제공해 줄 만한 책은 모조리 정독했다. 하지만 하나같이 아무런 도움이 되지 않았다. 내 소명을 찾기 위해 모든 전략을 동원했지만 발버둥칠수록 점점 더 깊은 수렁으로 빠져들었다.

마침내 내 인생에 타임아웃을 선언했다. 더는 견딜 수 없어서 하나님 앞으로 나아가 백기를 들었다. 어느 날 밤이었다. 다음 날 회의를 위해 억지로 잠을 청했지만 정신은 점점 더 말똥해졌다. 그러다가 갑자기 숨이 차고 심장 박동이 빨라지더니 마구 쿵쾅거리며 온몸이 땀으로 흠뻑 젖었다. 아무래도 신경쇠약이 아닌지 의심스러웠다.

결국 절박한 심정으로 하나님께 울부짖었다. "하나님, 도와주세요. 제발 도와주세요. 이 허무의 늪에서 저를 건져 주세요. 더는 못 견디겠어요!" 바로 그 순간, 지나온 삶이 주마등처럼 스치고 지나갔다. 학교에서도, 인간관계에서도, 직장에서도 언제나 내가 중심이었다. 내 삶의 중심에 하나님을 위한 자리는 없었다. 하나님은 기껏해야 운전기사일 뿐, 목적지는 전적으로 내가 결정하고 있었던 것이다.

다음 날, 멘토에게 밤에 있었던 일을 자세히 이야기했다. 참을성 있게 이야기를 듣던 멘토는 목적 찾기에 관한 오스 기니스의 대표작인 《소명》(IVP, 2014)을 읽어 보라고 권했다. 그리고 그 책을 읽고 나서 인생을 바라보는 시각이 송두리째 흔들렸다. 그 전까지는 성공을 오로지 돈과 권력과 명예로 가늠했지만 《소명》을 통해 인생과 성공에 관한 전혀 다른 정의를 알게 되었다. 하나님이 예비하신 소명을 찾아 추구할 때 삶의 진정한 의미와 목적을 얻을 수 있다는 것을 깨닫게 된 것이다. 그때부터 일터와 교회와 지역사회에서 참여하던 모든 활동을 철저하게 평가하고 인생의 우선순위를 재조정하기 시작했다.

"소명의 부르심은 인간의 경험 중에서 가장 포괄적인 방향 전환을 가져오고 가장 깊은 의욕을 일으키는 사건이다"[2]라는 구절을 읽는 순간 나도 모르게 맞다며 무릎을 탁 쳤다. 내가 하나님의 부르심에 응답하여 의도적인 삶을 살기를 바라신다는 사실을 분명하게 깨달았다.

이 패러다임의 전환 시기에 지인들은 영적 도우미로 나와 함께 나란히 걸어 주었다. 특히 그들의 기도가 너무나 귀했다. 나는 새롭게 타오르는 열정으로 몇 년 동안 이 주제에 관한 책을 수없이 읽었다. 주로 멘토와 동료, 목사님들이 추천해 준 책이었다. 고든 스미스Gordon Smith의 《스명과 용기》(생명의말씀사, 2008)와 같은 신학자들의 고전, 파커 파머Parker Palmer의 《삶이 내게 말을 걸어올 때》(한문화, 2015)와 같은 교육계 지도자들의 책, 존 아쿠프Jon Acuff의 《Start》(시작하라)와 같은 기업가들의 책을 통해 내가 지금까지 품었던 소명에 관한 시각을 점검하고 바로잡을 수 있었다.

오래 지나지 않아 인생의 방향을 틀었다. 나는 아메리칸 드림을 향해 질주하던 마차에서 뛰어내려 진지한 자기 탐구의 여행을 시작했다. 그때는 강도 높은 성찰과 성장의 시기였다. 틈만 나면 멘토에게 의견을 묻고 좋은 책과 전문가에게 교훈을 얻어 삶에 적용하고 매일 하나님의 말씀을 읽고 묵상했다. 그런 노력이 모여 삶의 올바른 방향을 가리키는 나침반이 되었다.

의도적인 삶이라는 스위트 스폿을 향해 매일 꾸준히 한 발씩 내딛었다. 그 사이에 커다란 짐이 어깨에서 점점 떨어져나가는 놀라운 경험을 했다. 하나님이 창조하신 대로 살려고 하니까 세상의 기대와 압박 따위는 신경쓰이지 않았다. 나는 불확실성의 바다에서 유영하며 하나님을 궁극적인 구조대원으로 믿는 법을 배워 나갔다.

노력 대비 최대의 효과를 거두기 위해 시간을 잡아먹는 모든 것을 하나씩 분석했다. '이 관계나 활동이 나를 소명으로 더 가까이 이끌어 주는가, 아니면 나를 진정한 성공에서 멀어지게 하는가?' 그중에는 결단을 내리기 힘든 항목도 있었다. 예를 들어 오랫동안 공들여 쌓은 관계를 끊어야 했고 소명을 추구하는 데 방해가 되는 습관도 버려야 했다. 마침내 의도적인 삶을 위해 시작할 것과 버려야 할 것이 가려졌다.

또한 4년간의 직장 생활을 끝냈다. 미치지 않고서야 어떻게 거액 연봉에, 두둑한 보너스까지 받는 대기업을 하루아침에 박차고 나올 수 있겠는가. 그것도 다른 일자리를 구하지도 않은 채였다. 하지만 나처럼 일자리를 그만두는 것은 추천하지 않는다. 낙하산 없이 비행기에서 뛰어내리라고 하면 아무리 극한의 스카이다이빙을 즐기는 사람도 고개를 절레절레 흔들 것이다.

그때 동료들은 모두 놀랐다. 한 명은 따로 불러서 내 또래에 이 회사를 그만두는 사람은 본 적이 없다며 다시 한 번 생각해 보라고 간곡히 권유했다. 부모님의 걱정도 이만저만이 아니었다. "앞으로 어떻게 먹고살려고 하니? 좀 더 신중하게 결정하지 그랬어. 일이 뜻대로 풀리지 않으면 어떻게 하니?" 하지만 부모님은 몇 년간 내 삶의 극적인 변화를 바로 옆에서 지켜보셨기 때문에 속으로는 내가 다음 단계로 넘어가야 할 때가 왔음을 알고 계셨을 것이다.

직장을 그만두고 며칠 후에 페이스북으로 맺은 친구와 우연히 통화를 하게 되었다. 내가 소명을 좇기 위해 직장을 그만두었다는 말을 하니 그는 잘했다며 나의 결정을 지지해 주었다. 알고 보니 몇 년 전에 그도 나처럼 소명을 좇겠다고 포춘 500대 기업을 스스로 나온 사람이었다.

전화를 끊기 전 그는 내게 한국계 미국인 친구를 한 명 소개해 주었다. 소개받은 친구와 나는 대화를 하자마자 죽이 맞아 둘도 없는 사이가 되었다. 나이도 비슷하고 문화적 배경과 성격 및 장기적인 포부까지 같았다. 그 친구는 나에게 자이언트 월드와이드GiANT Worldwide의 비전을 전해 주었고 그것을 들은 나는 온몸에 소름이 돋았다. 그 비전이, 하나님이 내 마음속에 심어 주신 것과 너무 똑같았기 때문이다.

그는 내게 자이언트 월드와이드의 리더십 컨설턴트 자리를 제안했다. 전혀 생각하지도 못했던 것이라 일주일만 말미를 달라고 부탁했지만 내면 깊은 곳에서는 이미 하나님이 열어 주신 문이라고 생각했다. 가족과 가까운 친구들도 모두 환영의 뜻을 보여 주었다. 마침내 나는 그 제안을 받아들였고 그 후 이야기는 지금 살고 있는 그대로다. 놀랍게도 단 한 번의 대화가 내 소명과 완벽하게 일치하는 직장으로 이어진 것이다.

이 여행을 하면서 나만 별종이 아니라 수많은 청년들이 삶의 목적과 의미를 붙들고 씨름하고 있다는 것을 알게 되었다. 우리는 모두 하나님의 부르심에 응답하여 세상의 법이 아닌 하나님의 법을 따르는 의도적인 삶을 살 수 있다. 자, 이제 하나님이 주신 소명을 찾아 모든 잠재력을 쏟으며 자신만의 스위트 스폿에서 살기 위한 여행으로 여러분을 초대한다.

1부 내 인생, 어디로 가고 있지?

1장 | 이 허탈감은 뭐지

현대의 젊은이들은 일과 기도 생활과 인스타그램 피드까지 인생의 모든 영역에서 의미와 만족을 찾고 있다. _ 데이비드 김David Kim

십 대에서 이십 대 초까지 나는 엉뚱한 곳에서 의미와 목적을 찾아 헤맸다. 그 결과는 지독한 허무함뿐이었다. 처음에는 부와 재물의 밭을 뒤졌다. 나는 어릴 때부터 골프 코스를 갖춘, 방 다섯 개짜리 저택에 살며 포르쉐를 타는 꿈을 꾸었다. 내가 처음 몰았던 차는 거의 새 차에 가까운 마쯔다 6였다. 정말

아름다운 승용차였지만 몇 개월 만에 질려서 BMW를 몰고 싶어졌다. 결국 BMW를 손에 넣었지만 새 차의 광택이 없어지기도 전에 더 좋고 비싼 차로 눈길이 갔다. 비단 차뿐만이 아니었다. 최신 기기들이 나오는 족족 샀지만 몇 개월도 못 가서 더 성능이 좋은 물건으로 갈아탔다. 그 시절 내 인생의 표어는 "조금만 더!"였다.

10억 달러 이상을 번 최초의 미국인 존 록펠러는 얼마나 돈을 벌어야 만족하겠냐는 질문에 이렇게 대답했다고 한다. "아주 조금만 더!" 역사상 가장 부유하고 지혜로운 왕이었던 이스라엘의 왕 솔로몬은 이런 말을 했다. "은을 사랑하는 자는 은으로 만족하지 못하고 풍요를 사랑하는 자는 소득으로 만족하지 아니하나니 이것도 헛되도다"(전 5:10).

결국 나는 재물을 좇는 것이 헛수고라는 안타까운 결론에 도달했다. 아무리 많이 가져도 더 갖고 싶어진다. 그야말로 끝이 없는 것이다. 재물에서 삶의 목적과 의미를 찾지 못하자 이번에는 성취로 눈길을 돌렸다. 나는 항상 이 세상에 커다란 족적을 남기고 싶었다. 천하에 이름을 날리고 싶었던 것이다. 그래서 학창 시절에는 목숨을 걸고 공부했고 사회에 발을 디딘 후로는 직장에서 승진할 생각만 했다. 하지만 더 많이 성취할수록 공허감은 더 깊어만 갔다. 두툼한 월급봉투와 두둑한 보너스와 좋은 평판에도 행복하지 않았다.

그때 멘토와 나눈 대화는 내 인생을 180도로 변화시키는 계기가 되었다. 그가 어떻게 지내냐고 묻기에 나는 그 당시 이끌고 있는 프로젝트에 관해 30분 넘게 떠들었다. 그런데 조용히 듣던 그가 마지막에 전혀 예기치 못한 질문을 던졌다. "폴, 왜 그리 바쁘게 살아? 도대체 뭘 증명해 보이려는 거야? 누구에게 잘 보이려고?"

그 말에 어안이 벙벙했다. 아니, 살짝 화까지 났다. '뭘 증명해 보이려는 거냐고? 무슨 뜻이야? 자기가 뭐라고 나를 판단해?' 하지만 차분히 생각하니 깨달아지는 바가 있었다. 그동안 나는 내가 내놓은 결과물로 나의 가치와 정체성을 판단하고 있었다. 사실상 나는 성과 중독자였던 것이다. 내 자존감은 내가 어떤 사람인지가 아니라 내가 이룬 무언가에서 비롯되었고 그것이 도를 넘어 성과 집착으로 발전해 있었다.

그러다 보니 마음 편하게 인생을 즐길 여유가 없었다. 멘토는 바로 그 점을 지적했다. "폴, 하나님은 네가 무엇을 하느냐보다 누구인지에 더 관심을 갖는 분이셔." 그 말에 나는 난생 처음으로 가면을 벗고 나 자신으로 살아갈 자유를 느꼈다. 마치 새장에서 풀려난 새와 같은 해방감이 온몸을 감쌌다.

의미와 목적을 찾는 사람들

리처드 라이더Richard Leider와 데이비드 샤피로David Shapiro의 책 《인생의 절반쯤 왔을 때 깨닫게 되는 것들》을 보면 대부분의 사람들이 가장 두려워하는 것은 의미 없는 삶을 살다가 죽는 것이다.[1] '내 인생은 어떻게 펼쳐질까? 나는 왜 여기에 있고 어디로 가고 있는가? 이 땅에서 무엇을 해야 하는가?' 세상의 수많은 청년이 이런 존재론적 질문을 던진다. 물론 나도 그러했다. 의미에 목마른 청년 세대는 자신의 삶이 중요하다는 증거를 원하는 것이다.

〈USA 투데이〉에서 "신이 바로 답을 해준다면 무엇을 묻고 싶은가?"라는 질문으로 설문 조사를 했는데, 그때 가장 많이 나온 것이 "내 인생의 목적은 무엇인가?"였다. 바나 그룹(기독교 여론 조사 기관)의 리서치에 따르면, 밀레니엄 세대의 87%가 의미로 가득한 삶을 원했다.[2] 갤럽 조사에 따르면 밀레니엄 세대는 단순히 돈을 위해 일하지 않는다. 다른 무엇보다도 목적을 원한다.

그런데 베이비붐 세대는 일에서 의미를 찾지 않았다. 그들에게 가장 소중한 것은 가족과 공동체였다. 그들의 시선은 바로 눈앞을 향했다. 반면 밀레니엄 세대는 첨단 기술의 영향 아래 성장했고 첨단 기술로 연결되어 있어서 글로벌 커뮤니티의 시각에서 자신을 바라보는 능력이 이전 세대보다 뛰어나다. 그래서 눈을 더 크게 뜨고 세상을 바라본다. 물론 조심하지 않으면 그 큰 눈으로 오직 자신만 바라볼 수도 있다.

밀레니엄 세대는 단순히 돈보다 더 큰 목적을 추구한다. 그래서 그들은 세상에 더 많은 영향을 미치는 조직, 자신의 가치와 맞는 조직에서 일하기를 원한다. 한마디로 세상에 족적을 남기기를 원하고 또한 충분히 그럴 만한 능력도 갖추고 있다.

내가 지금까지 감명 깊게 읽었던 책 중 하나는 빅터 프랭클 Viktor Frankl의 《죽음의 수용소에서》다. 1942년 9월, 유대인 신경정신과 교수였던 그는 체포를 당해 아내, 부모와 함께 나치 강제수용소에 갇혔다. 3년 후 그가 갇혔던 수용소가 해체되었는데 그때는 만삭의 아내를 비롯해 그의 가족이 대부분 죽은 뒤였다. 하지만 수감 번호 119104번인 그는 살아남았다. 그리고 살아남은 사람들과 죽은 사람들의 차이를 하나로 정리했다. 그것은 바로 의미의 존재 혹은 부재였다.[3]

죽은 사람들은 스위트 스폿 안에서 살고 있지 않았다. 의미와 목적을 찾는 모습은 세상 어디서든지 관찰할 수 있다. 그런데 엉뚱한 것을 기준으로 삶을 평가하면 의미와 목적을 놓칠 수밖에 없다. 비싼 자동차나 잠시 유행하는 물건 같은 물질적인 소유는 당장은 우리의 눈과 귀를 즐겁게 해줄지 몰라도 우리에게 진정한 의미와 만족을 주지 못한다. 진정한 의미를 향한 더 큰 갈망이 노도처럼 밀려올 것이다.

삶을 평가하는 기준

하버드 경영대학원의 교수 클레이튼 크리스텐슨Clayton Christensen은 한 가지 놀라운 이야기로 《당신의 인생을 어떻게 평가할 것인가》라는 책의 포문을 연다. 그는 하버드 경영대학원 동창회에서 5년마다 나타나는 특이한 변화를 목격했다. 먼저 5회 동창회에서는 성공한 동창들이 속속 나타났다. 많은 동창들이 맥킨지McKinsey나 골드만 삭스Goldman Sachs 같은 유수한 회사에서 고속 승진을 거듭하고 있었다. 크리스텐슨은 부러운 눈으로 그들을 바라보며 생각했다. 분명 '저 친구들의 삶은 매일 행복하겠지.'[4]

그런데 10회 동창회에서 예상치 못한 패턴이 눈에 들어왔다.

보고 싶은 얼굴들이 보이지 않았다. 나중에 전화를 걸거나 다른 친구들에게 묻다 보니 하나씩 퍼즐이 맞춰졌다. 성공의 이면에 일에 대한 불만족이 있던 것이었다. 뿐만 아니라 불행한 결혼 생활과 이혼의 아픔도 있었다.[5]

그때만 해도 크리스텐슨은 이러한 현상을 누구나 겪는 일시 적인 중년의 위기쯤으로 치부했지만 그것은 철저한 오산이었 다. 25회를 지나 30회 동창회로 가면서 상황이 진정되기는커 녕 더 악화되었다. 많은 동창이 불만족에 시달리고 가정이 깨지 며 심지어 범죄를 저지르기까지 했다. 특히 그중 한 명인 엔론 Enron의 전 CEO 제프리 스킬링Jeffrey Skilling은 스캔들에 연루되 어 감옥에 들어갔다.

어찌 된 일인가? 그들은 실패를 계획하지 않았다. 겉으로만 보면 그들은 세계 경제를 주무르는 거물들이었다. 하지만 표면 아래에서는 문제가 곪을 대로 곪아 있었다. 마침내 크리스텐슨 은 궁극적인 질문을 던졌다. '당신의 인생을 어떻게 평가할 것 인가?' 안타깝게도 크리스텐슨의 동창들처럼 '조직의 사다리를 얼마나 빠르고 높이 오르느냐'에 따라 인생의 성공을 가늠하는 청년이 너무나 많다. 하지만 높은 연봉과 직함이 원하는 행복을 안겨 줄 거라는 생각은 오산이다.

내가 코치하고 있는 스물세 살의 야심만만한 청년이 있다. 그를 보면 나의 이십 대 시절이 생각난다. 그는 유명한 대학을 수석으로 졸업하고 고속 성장하고 있는 한 첨단 기술 기업에 들어갔다. 그런데 1년 뒤 자신이 원하는 만큼 고속 승진을 하지 못하자 불만이 쌓였고, 자신을 철저히 돌아본 후에야 자신이 성과나 직함 또는 봉급이나 남들의 이목 같은 외적인 것 위에 정체성을 쌓아왔다는 사실을 깨달았다. 평생 그는 세상에 이름을 날려 자신의 가치를 남들에게 증명해 보여야 한다는 생각으로 살아왔던 것이다. 그러나 그는 나와 대화하는 가운데 그 생각이 잘못임을 깨닫고 창조주가 준비하신 다른 것에서 목적과 의미를 찾기로 새롭게 마음을 먹었다.

모든 것이 무의미하다

전에 마이클 조던에 관한 이야기를 읽고 남의 이야기 같지 않은 느낌을 받았다. 조던이 쉰 살 정도 되었을 때 〈ESPN 더 매거진〉은 전성기 시절에 집착하는 그의 모습에 관해 장시간 인터뷰를 진행했다. 다음은 그 인터뷰 기사의 일부다.

그의 말대로 (조던의) 자존감은 언제나 경기와 직접적으로 연결되어 있었다. 경기가 없으면 그는 안절부절못한다. '나는 누구인가? 내가 뭘 하고 있는 건가?' 세 번째 은퇴를 한 뒤에도 그는 10년간 정신없이 뛰어다녔다. 스케줄이 끝나면 자신의 사무실에 전화를 걸어 쉬면서 골프를 즐길 테니 한 달 동안 귀찮게 하지 말라고 통보한다. 하지만 3일 뒤면 다시 전화를 해서 비행기를 보내 어디든 데려가 달라고 말한다. 도무지 가만히 있지를 못한다…타고난 경쟁심이 발동하면 운동하기 시작한다. 그러면서 늘 노심초사한다. '나이 쉰 살에도 경기를 할 수 있을까? 르브론LeBron을 상대할 수 있을까? 어떻게 하면 나를 혼사하지 않고 다음 20년을 즐길 수 있을까? 어떻게 해야 농구에서 벗어나 평안을 찾을 수 있을까?'6

나도 조던과 같은 기분을 자주 느꼈다. 인생의 저자요 창조주이신 하나님과의 관계가 아닌 세상적인 성공에서 의미를 찾으려고 애썼다. 그런 내가 어떻게 내 계획과 안정된 직업으로 삶을 통제하려는 마음을 버릴 수 있었을까? 그럴 수밖에 없는 지경에 이르렀기 때문이다. 내가 생각하는 성공이 하나님이 생각하시는 성공과 다를지도 모른다는 생각이 끊임없이 나를 괴롭혔다. 그리고 마침내 내가 맹목적으로 받아들인 거짓말들을 찾아 거기서 벗어나야 한다는 사실을 깨달았다. 인생 2쿼터의 위기에서 하나님의 시각에 따라 가치관을 재정립해야 할 때가 온 것이다.

실천 내용: 가치관 재정립하기

당신은 주로 어떤 상황에서 자존감이 높아지는가? 자존감이
높아지는 일들을 순서대로 적어 보라. 이 활동은 지금 삶에서
가장 중요하게 여기는 '평가 기준'을 점검해 보기 위함이다.

1.

2.

3.

4.

5.

고민과 토론을 위한 질문

1. '당신의 인생을 어떻게 평가할 것인가?'라는 질문에 어떻게 답하겠는가?

2. 당신이 삶과 자존감을 평가하는 기준으로 삼고 있는 것 중에 당신을 허무하게 만드는 것이 있는가?

3. 점검해야 할 관념이 있는가? 혹시 그 관념이 소명을 따르는 삶을 살지 못하도록 방해하지는 않는가?

| 달려도 모자란데 빨간불이라니

이 세대는 무엇을 해야 할지에 관해 무수한 정보가 존재한다. 인생 최대의 질문에 대한 실질적인 답에 목말라 있다. 문제는 어떻게 할지, 왜 해야 하는지를 다루는 것이 빠져 있다는 것이다. 이 부분이 기독교 공동체가 채워야 할 공백이다. _ 데이비드 키너맨David Kinnaman

학자금 대출금을 갚기는커녕 월세도 내기 힘들 정도라서 살맛이 나지 않는가? 직장을 옮겼는데 새로운 환경에 적응하기가 어려운가? 아직도 진로를 결정하지 못해 열정적으로 살기가 힘든가? 하루하루 먹고살기가 급해서 목적이나 소명 따위를 고민할 여유가 없는가? 그렇다면 우리는 '성인 사춘기'adultlescence

의 세계에 초대받은 것이다.

오늘날 대부분의 청년들은 유례없는 두려움과 불확실성, 절망의 늪에서 허덕이고 있다. 몇 십 년 전만 해도 나이 서른이면 대부분 완벽한 어른으로 자리를 잡았다. 그때까지 학교를 졸업하여 재정적으로 독립하고 결혼해서 자녀를 낳기까지의 과정이 마무리된 것이다. 하지만 요즘 이 과정을 서른 전에 마치는 비율은 절반도 되지 않는다.[1]

한 조사에 따르면 18-24세 청년들은 분명한 목적의식을 '진짜' 어른의 필수불가결한 요소로 보고 있다. 청년들의 90% 정도가 자신의 목적에 따라 인생의 결정을 내릴 수 있어야 어른이라고 말한다. 문제는 자신의 인생에서 무엇을 하고 싶은지 분명히 안다고 대답한 청년이 43%뿐이라는 것이다. 자신의 진로와 목적이 일치한다고 대답한 청년은 36%였고 자신이 이 세상에 존재하는 이유를 안다고 대답한 이들은 겨우 30%였다.[2]

나는 청소년 시절부터 이십 대 초반까지 세상이 정해 준 성공의 길만 걸었다. 좋은 고등학교에 진학해서 좋은 성적을 받아 일류 대학에 들어갔고 거기서도 좋은 성적을 받고 동아리와 학생회 활동에도 열심히 참여하여 우등생으로 졸업한 뒤 대기업에 취업해 꿈에 그리던 삶을 살았다. 표면상으로는 더할 나위 없이 좋아 보였다. 하지만 내면 깊은 곳에서는 '이게 다야?'라는 실망이 요동쳤다. 만족감을 주리라 생각했던 직장은 생각만큼 만족스럽지 않았고 오히려 내면을 피폐하게 만들었다. 그 결과 걷잡을 수 없는 공허함을 느꼈고, 내 삶은 청년의 열정은커녕 무기력과 혼란으로 가득 찼다. 그 공허함은 성과를 아무리 쌓아도 채워지지 않았다. 이것이 내 인생 2쿼터의 위기, "어른으로 변하는 과정에서 자주 수반되는 걱정, 불안, 내적 혼란"이었다.[3]

인생 2쿼터의 위기 유발 요인

그렇다면 인생 2쿼터의 위기를 유발하는 구체적인 원인은 무엇인가? 다섯 가지 핵심 요인을 살펴본다.

불안과 두려움

우리가 가장 두려워해야 할 것은 실패가 아니라 전혀 중요하지 않은 일에서 성공하는 것이라는 말이 있다. 몸은 이십 대지만 마음은 사십 대처럼 피곤한가? 주변에서는 청년답게 살라고 하지만 빚만 쌓여 있고 미래는 불투명해서 살길이 막막하기만 한가? 회사에서 언제 잘릴지 모르는데 결혼을 꿈꿔도 될까?

최근 한국의 청년 실업 문제는 심각하다. 통계청이 발표한 2017년 6월 고용동향에 따르면 15-29세 청년층 실업률은 10.5%로, 1년 전보다 0.2% 올랐다. 특히 공식 통계에 실업자로 잡히지 않은 알바생과 공시생 등을 포함하면 한국 청년 4명 중 1명이 '사실상 실업' 상태다.[4] 취직이 어렵다 보니 자의 반 타의 반으로 공부를 계속하는 청년들이 늘고 있다. 그나마 미래가 보장되는 공무원에 도전하지만 이것 또한 극소수만 할 수 있다.

이러한 상황은 극심한 불확실성을 낳았다. 그래서 청년들은 내가 원하지도 않는 삶을 위해 열심을 내고 스펙 쌓기에 매진한다. 무한경쟁의 사회 속에서 현재는 불안정하고 미래는 불확실하다. 그런데 정체성 탐구와 삶의 불안정성은 동전의 양면이다. 한쪽이 없으면 다른 쪽도 존재할 수 없다.

포모 세대

밀레니엄 세대는 그 어느 세대보다 다양한 선택 사항을 마주한다. 선택 사항이 너무 많아 결정을 내리지 못할 지경이다. 사실 이것은 불과 50년 사이에 일어난 현상이다. 이전 세대에는 직업적인 선택 사항이라고 해봐야 부모의 농장이나 가업을 물려받는 것뿐이었다. 그 외 다른 것도 지금보다 훨씬 단순했다. 하지만 요즘 청년들은 보통 평생 열에서 열두 개 정도의 직장을 다닌다. 직종도 서너 개는 기본이다. 수많은 학교와 전공 중에서 골라야 하고 원한다면 세상 어디서든지 살 수 있다. 소셜 미디어가 발달했기에 거의 모든 사람과 연결될 수 있다. 어떤 옷을 입고, 어떤 음악을 듣고, 어떤 방송을 보고, 어떤 사람들을 사귀고, 어느 대학에 가고, 어떤 직업을 갖고, 누구와 결혼하고, 어디서 살지 그야말로 선택 사항이 수만 가지다.

이런 선택 사항의 홍수는 '포모'FOMO, fear of missing out라는 새로운 현상을 낳았다. 포모란 무언가를 놓칠지 모른다는 두려움을 말한다. 청년들은 1년 365일 계속 온라인에 접속되어 살고 있다. 소셜 미디어 덕분에 끊임없이 남들의 외식과 휴가, 파티에 관한 소식을 접한다. 이벤트브라이트Eventbrite의 조사에 따르면 밀레니엄 세대의 90%가 가족이나 친구들이 하는 활동에 참여하지 못할 때 포모를 경험한다고 한다. "밀레니엄 세대에게 포모는 하나의 문화적 현상이 아니라 전염병 그 자체다."[5]

다른 사람들의 모습을 보면 부러움을 느끼기 쉽다. '나도 저렇게 하면 얼마나 좋을까?' 포모에 전염되면 모든 것이 하고 싶어진다. 문제는 모든 것을 하면서 하나도 제대로 하지 못하는 불상사가 발생할 수 있다는 것이다. 우리 앞에 놓인 수만 가지 선택 사항은 혼란과 포모로 이어질 수 있다. 언뜻 생각하면 선택 사항이 많을수록 자유롭고 행복한 결정을 내릴 수 있을 것 같다. 하지만 실상은 다르다. 선택 사항이 많으면 그만큼 선택하기가 힘들고 모든 것을 저울질하다 보면 몹시 피곤해진다.

욜로 세대

"인생은 한 번뿐이다. 그러므로 할 수 있을 때 최대한 즐기라. 매순간을 즐기라. 내일을 위해 투자하지 말고 오늘을 위해 쓰라. 카드 빚은 나중에 생각하고 일단 사라." '욜로'YOLO, You Only Live Once는 소셜 미디어 세대의 표어다. 평균적으로 밀레니엄 세대는 미디어 소비에 하루 18시간을 사용하고 동시에 여러 형태의 미디어를 사용한다. 하루에 43번 스마트폰을 확인하고 거의 5시간 반을 소셜 미디어에 매달린다.**6**

우리는 소셜 미디어와 함께 눈을 떠서 소셜 미디어와 함께 잠드는 세대다. 이렇게 소셜 미디어에 빠질수록 5년, 10년, 15년 뒤를 생각하는 것이 어리석게 느껴진다. 그래서 많은 청년들이 현재 속에서 현재를 위해 살아간다. 이른바 '현재 편향'present bias에 빠져 있다. 그들은 인생이 무한한 것처럼 살아간다. 인생이 한 번뿐이라는 사실은 그들에게 의미와 목적이 있는 삶의 동기가 되지 못한다. 오히려 쾌락만 좇는 무분별한 삶의 구실이 될 뿐이다. 하지만 그렇게 눈앞만 바라보는 삶은 미래를 분명히 보지 못한다. 그 결과는 쓰디쓴 후회만 남을 것이다.

너무 바쁘다

시드니 S. 매콜리Sidney S. Macaulay는 이렇게 말했다. "너무 바쁘면 하나님, 삶의 의미, 삶 자체를 놓치기 쉽다." 이 세대는 1년 365일 쉴 새 없이 돌아가는 사회 속에서 살고 있다. 과도한 스케줄과 과중한 업무로 청년들은 잠시 엉덩이를 붙일 틈도 없이 발에 불이 나도록 뛰어다닌다. 하지만 삶의 속도보다 방향이 중요하다. 그러므로 지금 자신의 시간을 잡아먹는 일들의 가치를 꼼꼼히 따져봐야 한다. 전 세계 15-88세의 크리스천을 조사한 결과 10명 중 4명이 '자주' 혹은 '항상' 바쁘다고 했다. 그리고 10명 중 약 6명이 '자주' 혹은 '항상' 바빠서 하나님과의 관계를 유지하기 어렵다고 했다.[7]

우리는 숙제나 과외 활동, 취업 준비를 하느라 눈코 뜰 새 없이 바쁘다. 그러면 취직을 하던 여유가 생기는가? 그것도 아니다. 오히려 더 바쁘다. OECD의 2017년 고용동향에 따르면 한국의 2016년 기준 국내 취업자 1인당 평균 노동 시간은 2,069

시간으로 OECD 회원국 평균보다 305시간 더 많았다.[8] 문제는 너무 바쁘면 귀가 닫힌다는 것이다. 하나님의 음성을 들을 수 없다. 자신의 소명을 발견하려면 하나님과 같은 주파수를 유지해야 하는데 일에 파묻혀 살면 삶의 방향을 잃어버리게 된다.

심지어 하나님의 일을 할 때도 너무 바쁘면 심신이 지쳐 진정한 소명을 놓칠 수 있다. 오스왈드 챔버스는 이렇게 주장했다. "예수님에 대한 사랑의 최대 경쟁자는 바로 그분에 대한 섬김이다…하나님이 우리를 부르시는 유일한 이유는 그분을 위해 뭔가를 하라는 것이 아니라 그분 안에서 만족을 누리라는 것이다."[9] 하나님을 섬기기 위해서 하는 일조차도 그것에만 매달리면 우리를 부르시는 그분의 음성을 놓칠 수 있는 것이다.

지나친 비교 의식

나는 세 살 때 미국으로 건너갔다가 아홉 살 때 서울에 돌아와 6년을 지냈다. 그 당시 한국은 적자생존이 지배하는 정글이었고 나는 시험에서 1등을 하기 위해 경쟁하는 하나의 숫자일 뿐이었다. 그래서 이름보다 내 숫자로 더 자주 불렸다. 내 정체성은 성적표에 달려 있었다. 성적이 좋을 때는 자존감이 높았고 성적이 나쁘면 깊은 수치심과 죄책감에 시달렸다. 주변을 돌아보면 항상 나보다 잘난 사람들이 눈에 들어와 그때마다 극심한 열등감이 밀려왔다. 빌 게이츠의 부와 테일러 스위프트의 인기, 앨버트 아인슈타인의 두뇌, 월트 디즈니의 상상력, 마더 테레사의 마음을 동시에 갖고 싶었다.

밀레니엄 세대 전문가 폴 앵곤Paul Angone은 이런 태도를 '강박적인 비교 장애'OCD, obsessive comparison disorder라 부르면서 "OCD는 우리 세대의 천연두다"라고 말했다.10 이것은 의기소침과 걱정, 불만족 같은 원치 않는 생각과 감정을 낳는 질병이다. 똑같은 풀밭도 이웃집 풀밭이 더 푸르러 보이게 만든다. 현대인들은 소셜 미디어를 통해 자신이 얼마나 행복한지를 경쟁적으로 자랑한다. 그래서 지지 않으려고 자신의 삶을 멋지게 포장한다. 이 가운데 사람들은 강박적인 비교 장애에 시달린다.

하지만 자신과 맞지 않는 무언가가 되기 위해 일생을 허비하는 것은 너무나 안타까운 일이다. 하나님이 원하시는 사람이 아닌 세상이 원하는 사람이 되기 위해 삶을 낭비한다면 우리의 창조주요 인생의 저자이신 하나님의 마음이 얼마나 아프시겠는가? 우리는 온전한 삶을 꿈꾼다. 온전해지기 위한 방법은 비교의식 속에서 남들을 따라가는 것이 아니라 하나님이 창조해 주신 모습 그대로 자신감을 갖고 살아가는 것이다.

위기는 곧 기회

우리는 지금까지 살펴본 요인들을 찾아 제거하고 의도적인 삶을 향해 나아가야 한다. 나중에 방황하지 않도록 지금 자신의 삶을 철저히 점검해야 한다. 그리고 불확실성을 품어야 한다. 실패와 불확실성, 두려움 속에서 우리에게 존재의 이유와 목적을 주시는 창조주를 발견해야 한다. 인생이 다람쥐 쳇바퀴 도는 것처럼 지루하게 느껴지는가? 신앙과 정체성의 위기를 겪고 있는가? 이제 소명을 어떻게 찾아야 할지 알게 될 것이다.

나 역시 인생 2쿼터의 위기를 겪었다. 나는 그 사실이 얼마나 감사한지 모른다. 인생에서 가장 혼란스러웠던 시기는 지나고 보니 가장 유익한 시간이었다. 그 위기 덕분에 소명을 분명하게 볼 수 있는 시각을 얻었다. 아울러 대기업을 박차고 나와 소명을 좇을 수 있는 용기와 비전도 생겼고, 자아를 내려놓고 하나님의 계획이 내 계획보다 훨씬 더 크고 좋다는 사실을 분명히 믿게 되었다. 그 결과 지금 나는 리더십 컨설턴트이자 작가요, 강연자로서의 소명을 좇으며 스위트 스폿 안에서 살고 있다.

실천 내용: 하지 말아야 할 일 작성하기

당신의 꿈을 죽이는 습관과 행동, 생각을 찾아 열 가지를 적
어 보자.

1.

2.

3.

4.

5.

6.

7.

8.

9.

10.

고민과 토론을 위한 질문

1. 인생 2쿼터의 위기를 일으키는 다섯 가지 요인 중 당신의
   발목을 가장 강하게 붙잡고 있는 것은 무엇인가?

2. 내면의 두려움과 걱정을 어떻게 다루고 있는가?

3. 삶의 속도를 늦추지 못하면 어떤 일이 벌어지는가?

4. 남들과 자신을 비교하는 이유는 무엇인가?

3장 | 이젠 내가 어떤 사람인지도 모르겠군

스스로 생각하는 자신의 모습과 일관되지 않은 행동은 계속 유지할 수 없다. _ 케네스 보아Kenneth Boa

내가 좋아하는 영화 중 하나는 〈메멘토〉다. 주인공 레너드는 아내의 살인범을 찾는 중이었다. 그런데 살인범에게 머리를 얻어맞아 무엇이든 몇 분 이상 기억하지 못하는 기억상실증에 걸리는 바람에 살인범 찾기에 제동이 걸린다. 이에 레너드는 아내의 살인범에 관한 특정 사실들을 기억하기 위해 메모와 문신, 폴라로이드 사진을 이용한다. 그 가운데 많은 사람이 자신의 이익을 위해 레너드의 상태를 악용하려고 한다. 영화가 진행될수록 관객들도 레너드가 진짜 레너드인지 헷갈리기 시작한다. 그리고 결정적인 한 장면에서 거짓 친구인 테디가 레너드에게 이렇게 말한다.

"이젠 자신이 누구인지도 모르는군."

그러자 레너드가 단호한 표정으로 말한다.

"그렇지 않아. 나는 레너드 셸비야. 샌프란시스코 출신 레너드 셸비가 맞아."

"그렇지 않아. 그건 옛날의 자네지. 아무래도 이제부터는 자네 자신을 조사해 보는 게 좋겠어."

그때부터 레너드에 관한 일련의 폭로가 이어지고 그는 자신의 정체성과 자신이 그때까지 사용해 온 방법에 의문을 품기 시작한다. 그리고 그 결과 심각한 정체성 위기를 겪게 된다.

이 땅에도 레너드처럼 자신의 진정한 정체성을 알지 못해 방황하는 청년들이 많다. 나도 이십 대 내내 정체성의 위기에 빠져 극심한 혼란과 불안을 겪었다. 고통스러운 자기 발견의 과정 속에서 내 인생은 그 어느 때보다도 급격한 변화를 겪었다. 그 시기를 하나님이 나를 어떻게 설계하셨는지 제대로 알 수 있는 기회로 삼을 것인지, 아니면 레너드처럼 거짓된 목소리에 계속해서 속을 것인지는 나에게 달려 있다.

몇 년 전 회사에서 진행한 리더십 개발 프로그램에서 한 가지 간단한 활동을 했다. 진행자는 참여자들에게 스스로 생각하는 자신의 특징을 전부 적으라고 했다. 몇 시간 동안 고민하며 적다 보니 50개가 넘었다. 그런데 막상 적은 것을 보니 혼란스러웠다. 보면 볼수록 그 특징은 나와 상관이 없어 보였고 가족과 친구들에게 물어봐도 내게는 그런 특징이 없다는 답변이 돌아왔다. 내가 적은 것은 내게 있는 특징이 아니라 내게 있었으면 하는 특징이었던 것이다.

당시 나는 나 자신이 아닌 모든 사람이 부러워하는 어떤 사람이 되려고 했다. 그것은 죽으로 창조된 사람이 밥이 되려고 하는 것과 같았다. 그러다 보니 죽도 밥도 되지 못하고 어정쩡한 잡탕이 되고 말았다. 분명한 목적이 없는 사람이 되어 버린 것이다. 맥스 루케이도는 《일상의 치유》란 책에서 잘못된 이 사고를 정확히 짚어 주었다. "자아상 때문에 고생하는 사람이 얼마나 많은지 모른다. 시력이 떨어져서 사물을 왜곡되게 보는 현상을 말하는 것이 아니다. 그런 문제면 얼마든지 안경으로 해결할 수 있다. 하지만 잘못된 자아상은 세상이 아니라 자신을 들여다보는 시야를 흐리게 만든다."[1]

시끄러운 세상

우리는 시끄러운 세상 속에서 살고 있다. 수만 가지 목소리가 우리의 자아상을 깨뜨리려고 아우성친다. 두 눈을 똑바로 뜨고 정신을 바짝 차리지 않으면 거짓된 목소리에 이끌려 참된 목소리에서 멀어질 수 있다. 거짓된 목소리는 내가 어떤 존재인지를 알지 못하게 방해하고 예수 그리스도 안에서의 정체성을 의심하게 만든다.

우리 세대는 대중문화의 영향을 강하게 받는다. 수많은 미디어가 어떤 제품이나 서비스가 없으면 큰일난다는 메시지로 매일 우리를 공격한다. 행복해지려면 무조건 최신 제품이 필요하다고, 그 제품이나 서비스를 사지 않으면 남들에게 뒤처질 거라고, 너무 심하지만 않으면 어느 정도의 음란과 부도덕은 괜찮다고 속삭인다.

세상은 "노력하기만 하면 원하는 것은 무엇이든 될 수 있다"라는 거짓된 꿈을 찬양한다. 하지만 세상이 떠드는 것과 달리 우리는 무엇이든 원하는 대로 될 수 없다. 우리는 각각의 존재로 창조되어서 나 자신을 갈고 다듬어 최상의 내가 될 수 있을 뿐이다. 그리스도 안에서 내가 누구인지를 모르면 남들의 기대에 끌려다니고 남들에게 이용당할 수밖에 없다. 남들의 강요에 못 이겨 하나님의 말씀과 어긋난 결정을 내릴 수도 있다.

미디어만 우리의 인생관에 영향을 미치는 것은 아니다. 사실 가장 영향력 있는 목소리 중 하나는 바로 부모님이다. 나의 부모님은 자녀에게 엄격하고 성적만 외치는 '호랑이 부모'였다. 물론 어머니는 그나마 좀 유순한 호랑이였지만 그래도 호랑이는 호랑이였다. 한국에서는 부모가 자녀 교육에 목숨을 건다. 어머니도 생존과 성공의 열쇠로 교육을 지독히 강조하셨다. 집 밖에서도 성적이 전부라는 목소리가 늘 나를 몰아붙였다. 조금만 성적이 떨어지면 곧바로 호통의 화살이 날아왔고 아버지처럼 성공해야 한다는 압박이 나를 무겁게 짓눌렀다.

어릴 적 경험은 청년들이 진정한 정체성을 발견하지 못하게 방해하는 결정적인 요인이 된다. 혹시 감정적으로 예민한 시기에 사람들에게 큰 상처를 입었는가? 육체적 혹은 감정적 학대로 인한 깊은 트라우마가 있는가? 사랑받지 못하는 불안정한 가정 환경에서 자랐는가? 그 외에 하나님의 사랑에 대한 깊은 의심과 절망을 품게 만드는 일을 겪었는가? 바나 그룹이 미국의 성인 남녀를 대상으로 정체성 형성에 영향을 미치는 요인에 대해 설문 조사를 한 결과 가장 많이 나온 요인은 바로 가족이었다.

하지만 가정에서 상처를 받았어도 얼마든지 삶은 변할 수 있다. 우리가 하나님의 가족으로 초대받았기 때문이다. 하나님은 아무 자격 없는 우리를 선택하고 사랑하셨다. 그 사랑이 얼마나 큰지 우리를 자녀로 삼기 위해 독생자 예수 그리스도를 세상에 보내어 우리의 죄를 대신해 죽게 하셨다. 그래서 정식 가족이 되는 데 한 가지 조건이 있다. 바로 예수 그리스도를 구주로 받아들여야만 한다는 것이다.

하나님이 인간을 창조하셨지만 모두 그분의 자녀가 되는 것은 아니다. 그분의 가족이 되는 유일한 길은 다시 태어나는 것이다. 자신에 대해 죽고 다시 태어날 때 하나님은 우리를 자녀로 입양해 주신다. 그때부터 우리는 하나님의 자녀요, 다른 크리스천들과 형제자매가 된다. 교회가 우리의 영적 가족이 되는 것이다.

아버지는 재계에 큰 영향을 미치는 분으로, 최근에 한국 최대 전자회사의 미국 지사장으로 은퇴하셨다. 그러다 보니 내가 아버지보다 못하다는 목소리가 사회적 압박과 부모의 기대라는 형태로 나를 괴롭혔다. 처음에는 헛소리라고 반발했지만 점점 그 목소리를 믿기 시작했다. 그리고 어느새 내 안에 극심한 열등감이 깊이 뿌리를 내렸고 내가 부족하고 어리석고 무가치하다는 거짓말이 뼛속까지 파고들었다. 나는 자의식이 강하고 자신을 비판하는 사람으로 변해 버렸다.

오랫동안 시한부를 돌본 간호사에 관한 이야기가 있다. 그녀는 환자들과 인생의 마지막 길을 함께하며 죽음의 목전에서 '놀랍도록 분명한 시각'을 얻는 환자들이 많다는 사실을 발견했다. 죽음을 앞둔 환자들에게 무엇이 가장 후회되냐고 물었더니 남들의 기대에 부응하는 삶이 아니라 자신만의 삶을 살 용기가 없었던 것이라는 답변이 가장 많이 나왔다.[2] 세상은 우리에게 우리와 맞지 않는 길을 끊임없이 강요한다. 하지만 우리는 이런 세상의 압박을 거부하고 하나님 안에서 제대로 된 정체성을 찾아야 한다.

정도의 차이는 있지만 모든 사람이 부모의 기대, 어릴 적 경험, 문화와 교육 같은 외부 요인의 영향을 받는다. 그런데 자칫하면 이런 요인이 삶 전체를 좌지우지할 수 있다. 따라서 어떤 요인이 자신에게 영향을 주는지 아는 것은 세상의 음성과 하나님의 음성을 구분하는 데 큰 도움이 된다. 어떤 관념과 생각이 그분으로부터 오는지, 세상에서 오는지를 분별할 수 있는 이정표가 될 것이다.

그리스도 안에서 정체성을 발견하라

누군가가 신분증을 보여 달라고 하면 우리는 보통 주민등록증이
나 운전면허증, 사원증, 여권 등을 내민다. 내가 예전에 일했던 건
물에 들어가려면 운전면허증과 사원증, 이렇게 두 개의 신분증이
필요했다. 신분증은 나의 정체를 가장 명확하게 드러내고 내가
어디에 소속되어 있는지를 분명하게 알려 준다.

그런데 크리스천은 세상의 신분증이 증명해 주는 육체적인 정
체성뿐 아니라 우리의 창조주를 가리키는 영적인 정체성도 갖고
있다. 성경은 우리에게 이런 영적 DNA를 알려 준다. 두 가지 정
체성 중 무엇을 붙잡느냐에 따라 우리의 삶이 일어날 수도, 무너
질 수도 있다.

정체성은 삶의 목적을 정의하는 기초다. 문제는 직업이나 가
족, 집, 자동차처럼 언제 없어질지 모르는 것에서 정체성을 찾는
사람이 너무 많다는 것이다. 부모님과 배우자는 언제 떠날지 모
른다. 평생을 몸 바쳐 일했던 직장도 하루아침에 사라질 수 있
다. 이렇게 일시적인 것에서 정체성을 찾으면 그것이 사라졌을

때 세상이 무너진 것 같은 절망에 빠질 수밖에 없다. 청년 중에는 영적 정체성을 깨닫지 못한 채 아직도 어린아이 신앙에 갇혀 있는 사람들이 많다. 그 원인은 대부분 자신이 누구인지를 모르기 때문이다. 그 결과 율법주의적인 신앙이 나타난다.

나는 정체성을 찾으려고 고군분투하던 중에 C. S. 루이스의 말에서 큰 깨달음을 얻었다.

> 우리가 '나 자신'이라고 부르는 것을 치워버리고 그분께 우리를 맡길수록 진정한 나 자신이 되어간다…그리스도를 의지할 때, 그분의 성품 앞에 나 자신을 내려놓을 때, 비로소 진정한 나만의 성품을 갖기 시작한다…천편일률적인 모습은 그리스도께 항복한 사람들이 아니라 가장 '자연스러운' 사람들에게 자주 나타나는 특징이다.[3]

나를 부르신 분의 관점에서 자신을 정의할 때 진정한 나를 발견할 수 있다. 나 역시 이 진리를 체험했다. 나를 추구할 때는 나 자신을 찾을 수 없었고 하나님을 추구할 때 비로소 진정한 나를 찾을 수 있었다. 나는 좀 특별한 성경 구절에서 이런 통찰을 얻었다. 시편 17편 8절에서 다윗은 하나님께 "나를 눈동자 같이 지키시고"라고 간구한다. 여기서 "눈동자"에 해당하는 히브리어는 문자적으로 번역하면 '내 눈의 작은 사람'이라는 뜻이다. 도대체 이것이 무슨 말인가? 간단하다. 누군가의 눈 속을 가까이에서 가만히 들여다보면 바로 자기 자신이 보인다는 것이다.

하나님과 친밀한 관계를 맺고 그분을 뚫어져라 보다 보면 자신의 정확한 모습을 볼 수 있다. 세상의 거짓말에 물들지 않은 순수한 나의 모습, 진짜 자신이 보이는 것이다. 나는 이 사실을 깨닫고 성경이 나에 대해 말하는 진리를 중심으로 삶의 방향을 틀기 시작했다.

자신이 누구의 것인지를 알라

외부의 거짓말과 압박을 물리칠 수 있는 유일한 길은 자신이 누구인지를 분명히 알고 진정한 자신감과 만족을 얻는 것이다. 그런데 자신이 '누구'인지 알려면 먼저 자신이 '누구의 것'인지 알아야 한다. 또 자신이 누구인지를 알아야만 하나님이 맡겨 주신 임무를 발견할 수 있다. 이것이 스위트 스폿에서 살기 위한 전제 조건이다.

나는 매일 그 날짜에 상응하는 잠언의 장을 읽는다. 예를 들어, 3월 22일에는 22장을 펼친다. 1절에는 "많은 재물보다 명예를 택할 것이요 은이나 금보다 은총을 더욱 택할 것이니라"고 나온다. 이 구절을 묵상하다가 이름에 관한 중요한 깨달음 하나를 얻었다.

지난 5년간 나는 여러 국가를 다니며 다양한 행사와 기관에서 강연을 했다. 강연을 위해 집을 나설 때면 어머니는 항상 내가 누구인지를 잊지 말라고 당부하셨다. 그 말은 장남인 나에게 가문을 이끌고 가문의 이름에 먹칠을 하지 않을 막대한 책임이 있다는 것이었다. 또한 나의 한국 이름 '재상'은 수상이나 총리를 뜻하는 말인데, 어디를 가든지 그 이름에 걸맞게 행동하라는 뜻이었다.

하나님은 예수 그리스도를 구주로 영접하면 그분의 자녀, 곧 그분의 가족이 된다고 하면서 이렇게 말씀하셨다. "영접하는 자 곧 그 이름을 믿는 자들에게는 하나님의 자녀가 되는 권세를 주셨으니"(요 1:12). "내 이름으로 일컫는 내 백성"(대하 7:14). 아브람이 아브라함이 되고 야곱이 이스라엘이 되며 시몬이 베드로가 된 것처럼 우리도 새 이름을 받았다. 이름을 받는 것은 다시 태어나서 이전과 다르게 살아간다는 것을 뜻한다. 그러므로 거룩한 새 이름을 더럽혀서는 안 된다. 어떤 상황을 마주하더라도 예수 그리스도의 이름에 먹칠하는 행동은 삼가야 한다.

레너드 스위트Leonard Sweet는 이렇게 말했다. "우리의 삶은 우리의 것이 아니라 하나님께 속한 것이다. 진정한 자신으로 사는 것은 하나님이 특별한 임무를 위해 우리를 창조하셨으며 우리 자신과 우리의 임무에 관해 우리보다 더 잘 아신다는 믿음으로 그분이 원하시는 삶을 사는 것이다."**4**

우리는 그리스도께 속한 그리스도의 소유물이다. 우리는 터무니없이 비싼 값으로 다시 살게 되었다. 바로 예수 그리스도의 보혈이 그 값이다. 육신을 입으신 하나님, 털끝만큼의 죄도 없으신 분이 천하의 죄인인 우리를 위해 대신 죽임을 당하신 것이다. 우리는 오직 십자가를 통해서만 그분의 주권 아래서 살 수 있다. 그리스도 안에서 확실한 정체성을 얻기 전까지는 열등감과 거짓 목소리들의 압박에 굴복할 수밖에 없다. 이 문제를 확실히 매듭지어야 소명을 추구하고 예수님처럼 섬김의 삶을 살 수 있다. 그리스도 안에 있으면 우리는 죄인이 아니라 그리스도 안에서 새로운 피조물이다. 하나님께 선택받은 백성이요, 예수 그리스도와 함께 공동 상속자다. 우리는 바로 그리스도의 가장 귀한 존재다.

은혜로 용서받고 구원받은 존재

청년들과 이야기해 보면 수치심에 사로잡혀 기를 못 펴는 이들이 상당히 많다. 이것은 주로 과거의 상처나 돌이킬 수 없는 실수에서 비롯된다. 하지만 그리스도 안에 있으면 이미 용서받았다는 사실을 믿어야 한다. 삶의 창조주요 저자이신 하나님이 이미 우리를 용서하셨다. 이것이 어떤 잘못을 저질러도 훌훌 털어 버릴 수 있는 이유다. 사도 바울은 이렇게 선포했다. "또 범죄와 육체의 무할례로 죽었던 너희를 하나님이 그와 함께 살리시고 우리의 모든 죄를 사하시고 우리를 거스르고 불리하게 하는 법조문으로 쓴 증서를 지우시고 제하여 버리사 십자가에 못 박으시고"(골 2:13-14).

세계적인 설교가 라비 재커라이어스Ravi Zacharias는 용서에 관한 설교 중에 어느 초등학교 교사가 쓴 감동적인 시 한 편을 소개했다.

그 아이는 떨리는 입술로 내 책상 앞에 왔다.
수업은 끝났다.
"선생님, 새 종이가 있나요? 이번 건 망쳤어요."
나는 온통 얼룩진 종이를 받고

깨끗한 새 종이를 주었다.

그리고 그 아이의 지친 마음을 향해 속삭였다.

"얘야, 이번엔 더 잘해 보렴."

나는 떨리는 마음으로 보좌 앞에 갔다.

하루가 끝났다.

"주님, 새날이 있나요? 오늘은 망쳤어요."

주님은 온통 얼룩진 내 날을 받고

깨끗한 새날을 주셨다.

그리고 나의 지친 마음을 향해 속삭이셨다.

"내 자녀야, 이번엔 더 잘해 보렴."**5**

이 아이처럼 인생이 지저분하게 죄로 얼룩져 있는가? 괜찮다. 용서를 구하기만 하면 하나님이 은혜로 모든 얼룩을 말끔하게 지워 주실 것이다. 그러므로 우리는 더 이상 세상의 멍에 아래서 살 필요가 없다.

나는 하나님의 걸작이다

하나님은 우리가 그분의 가족일 뿐 아니라 그분의 작품이라고 말씀하신다. "우리는 그가 만드신 바라 그리스도 예수 안에서 선한 일을 위하여 지으심을 받은 자ㄴ 이 일은 하나님이 전에 예비하사 우리로 그 가운데서 행하게 하려 하심이니라"(엡 2:10). 여기서 "만드신 바"란 하나님이 손수 만드셨다는 뜻이다. 그에 해당하는 헬라어는 '예술 작품'을 뜻하는 '포이에마'poiema다. 이 단어에서 시를 뜻하는 'poem'과 'poetry'가 나왔다. 즉, 우리가 하나님의 움직이는 시라는 것이다. 얼마나 아름다운 존재인가!

릭 워렌이 교도소에서 약 5,000명의 재소자들에게 설교를 전했을 때 일이다. 그때 분위기는 집중하는 사람 하나 없이 어수선했고, 워렌은 달랑 마이크 하나만 든 채 연단도 없이 평평한 땅바닥에 서 있었다. 잠시 후 그는 주머니에서 50달러짜리 지폐 한 장을 꺼내 높이 들고 말했다. "이 50달러를 갖고 싶은 사람 있습니까?" 그러자 5,000명이 일제히 손을 들었다. 그렇게 단번에 모두의 관심이 집중되었다. 이번에는 그가 그 지폐를 구겨서 살짝 찢은 뒤에 말했다. "여전히 이 50달러를 갖고 싶은 사람이 있습니까?" 이번에도 5,000명이 모두 손을 들었다. 그러자 그는 돈에 침을 뱉은 다음 바닥에 던져 밟은 뒤에 다시 물었다. "이래도 이 돈을 원하는 사람이 있습니까?" 이번에도 5,000명이 전부 손을 들었다.

그 후 워렌은 이렇게 이야기했다. "바로 이것이 당신의 아버지이신 하나님이 해주신 일입니다. 학대를 받으셨습니까? 이용을 당하셨다고요? 쓸모없는 인간이라는 모욕을 당하셨어요? 물론 당신은 잘못을 저지르고 죄도 지어서 그에 대한 값을 치르고 있습니다. 지금 당신은 구겨지고 찢기고 짓밟혀서 더러워진 지폐와 같습니다. 하지만 하나님 앞에서 당신의 가치는 단 1달러도 떨어지지 않았습니다."[6]

살다 보면 누구나 어리석은 짓을 한다. 그러다 보면 하나둘 수치의 짐을 지고 인생길을 걷는다. 더 큰 문제는 많은 사람이 일과 성과로 그런 수치와 열등감을 숨기려고 한다는 것이다. 그것은 우리가 무슨 잘못을 해도 하나님의 사랑은 변함이 없다는 사실을 모르기 때문이다. 하나님은 우리의 행동과 상관없이 우리를 있는 그대로 사랑하신다. 우리의 가치는 결코 변하지 않는다.

목자는 아흔아홉 마리의 양이 있어도 한 마리가 보이지 않으면 지체 없이 찾아 나선다. 이것이 바로 우리를 향한 하나님의 사랑이다. 하나님의 사랑은 우리를 구원하시기 위해 무한한 심연까지 내려갈 정도로 깊고 세상 끝까지 찾아갈 만큼 넓다. 시편 기자는 하나님의 사랑을 이렇게 노래했다. "내가 주의 영을 떠나 어디로 가며 주의 앞에서 어디로 피하리이까 내가 하늘에

올라갈지라도 거기 계시며 스올에 내 자리를 펼지라도 거기 계시니이다 내가 새벽 날개를 치며 바다 끝에 가서 거주할지라도 거기서도 주의 손이 나를 인도하시며 주의 오른손이 나를 붙드시리이다"(시 139:7-10).

우리는 우연의 산물이 아니다. 하나님이 정교하게 설계하고 특별한 의미로 빚어 이 땅에 놓으신 존재다. 따라서 창조주의 눈으로 자신을 보아야만 삶에 깊은 단족을 누릴 수 있다.

비판적인 자기 대화를 바꾸라

우리는 끊임없이 자기 대화를 한다. 이 대화 가운데 어떤 말을 하느냐가 감정에 지대한 영향을 끼친다. 믿음은 생각을 결정하고, 생각은 감정을 결정하며, 감정은 행동을 결정한다. 그러므로 절망이나 우울함을 느낀다면 부정적인 자기 대화로 인해 자신에 관한 잘못된 믿음이 자리 잡은 탓일 수 있다.

행동 심리학자들의 주장에 따르면 자기 대화의 77%가 자신에게 해로운 부정적인 대화로, 그런 부정적인 말 한 번의 효과를 상쇄시키려면 스무 번의 긍정적인 말이 필요하다고 한다.[7] 주로 우리는 남들이 한 말 때문에 부정적인 생각에 빠져든다.

남들이 나에게 "못생겼다, 어리석다, 바보다"라는 말을 할 수도 있다. 문제는 이런 독한 말의 대가로 사탄은 우리가 무가치하고 사랑받을 수 없으며 세상의 기대에 부응할 수 없다는 거짓말을 우리의 머리와 가슴에 심어 준다는 것이다. 내면의 비판을 잠재우는 데 도움이 되는 두 가지 방법을 소개한다.

자신의 생각을 기록하기

기분이 나쁠 때마다 자신에게 어떤 말을 했는지 기록한다. 최대한 솔직하고 정확하게 적는 것이 중요하다. 자신을 비판할 때 어떤 표현을 사용했는가? 예를 들어 '바보 같아' 혹은 '내가 하는 일이 그렇지'라고 표현했을 수도 있다. 그리고 '~해야만 해' 혹은 '~하지 말아야 해'라는 표현도 주목해야 한다.

부정적인 자기 대화를 성경 구절로 대체하기

우리는 하나님이 예비하신 목적을 위해 창조되었고 하나님은 우리를 무조건적으로 사랑하신다. 말씀은 예수 그리스도 안에서 우리의 가치를 확인시켜 준다. 성경을 암송하고 묵상하면 남들의 말이 아닌 하나님의 말씀을 생각의 패턴으로 만들 수 있다.

실천 내용: 말씀으로 대화하기

제시된 성경 구절을 큰소리로 선포하는 연습을 꾸준히 하라. 그러다 보면 사탄이 우리의 정신과 마음을 오염시키기 위해 퍼붓는 거짓말이 아니라 우리에 관한 진실을 말하는 습관을 기르게 될 것이다.

- 나는 포도나무이신 예수 그리스도의 가지다(요 15:5).
- 나는 제자로서 예수 그리스도의 친구다(요 15:15).
- 나는 열매를 맺기 위해 선택받았다(요 15:16).
- 나는 어떤 정죄도 받지 않으며 하나님의 사랑에서 떨어질 수 없다(롬 8:31-39).
- 나는 주님과 연합하여 그분과 한 영이 되었다(고전 6:17).
- 나는 하나님의 성전이다(고전 3:16).
- 나는 값으로 사신 하나님의 것이다(고전 6:19-20).
- 나는 그리스도의 몸의 한 지체다(고전 12:27).
- 나는 하나님이 굳건하게 하고 기름을 붓고 인을 치신 존재다(고후 1:21-22).
- 나는 하나님의 자녀로 선택받아 입양되었다(엡 2:6).
- 나는 하나님이 만드신 작품이다(엡 2:10).

- 나는 하나님이 내 안에서 시작하신 선한 일을 마치실 거라고 확신한다(빌 1:6).

- 나는 모든 죄를 용서받았다(골 1:13-14).

- 나는 두려워하는 마음이 아닌 능력과 사랑, 절제의 마음을 받았다(딤후 1:7).

고민과 토론을 위한 질문

1. 지금까지 어떤 자기 대화를 했고 누구의 목소리를 따라 정체성이 형성되었는가?

2. 지금까지 거짓된 목소리에 속아 그리스도 안에서의 정체성을 발견하지 못했는가?

3. 정체성을 찾기 위해 할 수 있는 일은 무엇인가?

2부 내 삶은 왜 이렇게 평범하지?

1장 | 성공, 꼭 해야겠지?

성공과 실패는 주인의 언어다. 청지 기의 관심사는 바로 충성이다.
_ 그리어 J. D. Greear

나는 '아메리칸 드림'이라는 위험천만한 거짓말을 믿고
자랐다. 세상은 우리에게 외친다. "꿈을 크게 꾸고 죽을 힘을 다
해 추구하라! 누구든지 자신이 하는 일에서 최고가 될 수 있다."
한때 나는 제2의 스티브 잡스나 마크 저커버그, 테일러 스위프
트가 될 수 있다는 착각에 빠져 살았다. 그때 나는 경쟁에서 이

기는 것이 성공이고 가장 많은 권력, 명예, 인기, 재물을 차지하는 것이 성공한 사람이라고 생각했다.

그런 철학으로 앞만 보고 달린 결과, 이십 대 중반에 원하는 모든 것을 손에 넣을 수 있었다. 높은 연봉, 포틀랜드 도심에 환상적인 전망을 자랑하는 고급 아파트, 내 이력서를 화려하게 장식해 줄 포춘 50대 기업 이름, 직장에서의 승승장구, 리더십 계발과 계속된 교육에 투자해 주는 회사, 어떤 상황에서도 변함없이 내 편이 되어 준 여자친구까지 모든 것이 완벽했다. 하지만 여전히 무언가 아쉬웠다. 마음 깊은 곳의 갈망이 채워지지 않으니 불안과 좌절이 심해졌다. 돈과 명예, 권력 같은 세속적인 것에 믿음과 가치를 두었지만 그것은 결국 내가 죽으면 증발해 버릴, 참으로 덧없는 것이었다.

어느 순간에 세상이 원하는 대로 끌려다니지 말고 하나님이 무엇을 원하시는지에 귀 기울여야겠다는 생각이 들었다. 그야말로 대수술이 필요했다. 성경의 가르침에 따라 나의 성공관을 완전히 뜯어고쳐야 했기 때문이다. 나는 금을 찾는 광부처럼 하나님이 생각하시는 성공이 무엇인지 알아내려고 몇 달 내내 성경을 파고들었다. 그러다가 달란트 비유를 발견하고는 무릎을 탁 쳤다. 그것은 성공에 대한 나의 시각을 완전히 바꿔 놓았다.

달란트 비유

마태복음에 나오는 달란트 비유는 예수님이 성공을 어떻게 정의하시는지 잘 보여 준다. 한 부자가 먼 곳으로 여행을 떠나게 되었다. 그는 떠나기 전 첫 번째 종에게는 다섯 달란트를, 두 번째 종에게는 두 달란트를, 세 번째 종에게는 한 달란트를 주었다. 여기서 한 달란트는 엄청난 액수의 돈이다. 오늘날의 가치로 환산하면 100만 달러쯤 된다. 세 명 가운데 두 명은 장사를 해서 100% 이익을 남겼지만 안타깝게도 세 번째 종은 돈을 땅에 묻어 두어 아무런 이익도 남기지 못했다. 결국 오랜 여행에서 돌아온 부자는 이익을 남긴 두 종에게 상을 내리고 아무런 이익도 남기지 않은 종에게는 가혹한 벌을 내렸다.

이 비유에서 달란트는 하나님이 우리에게 맡기신 시간이나 능력 또는 돈 같은 자원으로 해석할 수 있다. 그렇다면 하나님의 성공 기준은 간단하다. 하나님 나라에서는 그분께 받은 것을 최대한 잘 관리하고 이용하는 것이 성공이다. 그런 의미에서 하나님은 우리를 충성스러운 청지기로 부르신다.

나는 보잉Boeing사의 린lean 관리자로 일할 때 청지기 정신의 중요성을 분명히 깨달았다. 당시 나의 주된 업무는 직원들이 각자의 시간과 재능, 자원을 어떻게 사용하는지 평가해서 항공기 생산의 효율성을 극대화하는 변화를 단행하는 것이었다. 어느 날 항공기 한 대를 생산하는 데 걸리는 기한을 조사한 뒤에 그 기한을 반으로 줄일 방법을 팀원들과 함께 고민했다. 그 결과, 더 나은 제품을 만들기 위한 생산적인 아이디어와 해법을 찾아 낼 수 있었다. 하지만 현장 작업자들과의 모임이 항상 건설적이 었던 것은 아니다. 그중에는 청지기 정신이 턱없이 부족한 이들 도 있었다. 그들은 일을 오로지 밥벌이 수단으로만 여겨서 작업 방식을 개선하는 데 눈곱만큼도 관심이 없었다.

성경에 따르면 청지기 정신은 자신이 삶의 근본적인 주인이 아니라는 사실을 가슴 깊이 이해하는 것이다. 시편 24편 1절에 도 "땅과 거기에 충만한 것과 세계와 그 가운데에 사는 자들은 다 여호와의 것이로다"라고 선포하는 내용이 나온다. 우리는 하나님의 자원을 관리할 책임이자 특권을 갖고 있다. 능력을 썩 히지 않고 활용해야 할 의무가 있는 것이다. 이런 시각을 품지 않으면 우리가 하는 모든 일은 하나님이 아니라 자신의 영광을 위한 일이 된다. 하지만 청지기의 관점을 품은 사람은 모든 일 을 하나님의 영광을 위해 한다.

'청지기 정신'이라 하면 돈을 떠올리기 쉽다. 하지만 진정한 청지기 정신은 훨씬 더 광범위하다. 우리는 모든 선택을 청지기 정신을 따라 해야 한다. 론 블루Ron Blue는 청지기 정신에 대해 "하나님이 주신 목표를 이루기 위해 그분이 주신 자원을 사용하는 것"이라고 정리했다.[1] 청지기 정신은, 우리가 주인이 아니라 한낱 관리자일 뿐임을 인식하는 것이다.

나는 오직 청지기 정신을 통해서만 진정한 성공을 거두고 가치 있는 삶을 살 수 있다고 믿는다. "맡은 자들에게 구할 것은 충성이니라"(고전 4:2)고 말한 바울은 하나님께 받은 시간, 재능, 재물을 어떻게 사용했는지 나중에 설명해야 할 날이 온다는 사실을 잘 알고 있었다. 그래서 인생의 핵심은 충성이다. 성경에서 '성공'이란 단어는 찾기 어렵지만 '충성'은 성경 곳곳에 꾸준히 보인다.

"잘하였도다 착하고 충성된 종아"(마 25:21).

"맡은 자들에게 구할 것은 충성이니라"(고전 4:2).

"충성된 자는 복이 많아도"(잠 28:20).

"그들이 어린 양과 더불어 싸우려니와 어린 양은 만주의 주시요 만왕의 왕이시므로 그들을 이기실 터이요 또 그와 함께 있는 자들 곧 부르심을 받고 택하심을 받은 진실한 자들도 이기리로다"(계 17:14).

하나님이 우리에게 요구하시는 것은 성공이 아니라 소명에 대한 충성이다. 따라서 우리는 '하나님이 나를 어떤 일로 부르셨는가?'라는 질문을 던져야 한다. 어떤 영역에서 나의 시간과 재능, 재물을 충성스럽게 사용하여 최상의 나 자신이 될 수 있는지를 고민해야 하는 것이다.

우리는 세상을 바꾸는 자들이 아니라 모든 상황에서 예수님을 따르는 자들로 부름받았다. 이 일을 감당하기 위해서는 의도성과 분명함, 집중력이 필요하다. 이제 결단할 때다. 청지기로서 삶을 잘 관리할 것인가, 아니면 삶을 헛되이 낭비할 것인가?

청지기로서 얼마나 충성을 다하는지로 성공을 정의하면 자기 자신으로 자유롭게 살 수 있다. 청지기에게 인생의 성공은 하나님이 자신을 무슨 일로 부르셨는지 찾아내어 그 일에 충성을 다하는 것이다. 그리스도만 바라보면 남들의 이목에 연연하지 않는다. 자신이 아닌 다른 사람이 되려고도 애쓰지 않는다. 인생이 꼭 경쟁이 될 필요는 없다. 자기 자신으로서 최상의 모습으로 성장하면 그만이다. 소명에 충성하는 청지기는 세상의 기대를 거부하고 오직 부르신 분만 따르는 것이다.

'일과 신앙 센터' Center for Work and Faith의 대표 빌 필Bill Peel은 이렇게 말했다.

하나님이 우리에게 '모든 것을 후히 주사 누리게' 하시지만 우리의 것은 하나도 없다. 모든 것이 하나님의 소유다. 우리는 그 모든 것을 어떻게 다루고 그것으로 무엇을 할지에 대한 책임이 있다. 우리는 이 땅에서의 권리에 대해 불평하지만 성경은 계속해서 '너의 책임은 무엇인가?'라고 묻는다. 주인에게는 권리가 있지만 청지기에는 책임이 있다.[2]

대학교 1학년 때 친구의 고급 승용차를 며칠간 빌린 적이 있다. 나는 차를 돌려주면서 그 친구를 집까지 데려다주던 중에 갑자기 질주 본능을 뽐내고 싶었다. 신호등이 녹색으로 바뀌는 순간 액셀을 끝까지 밟았고 도로에는 뚜렷한 타이어 자국이 남았다. 그러자 친구는 질겁하며 나를 차 밖으로 쫓아냈다. "내가 미쳤지, 너한테 차를 빌려주다니. 당장 내려! 이제부터 내가 운전할거야!" 나는 친구의 소유물을 관리하는 청지기로서 맡겨준 차를 조심히 다루어야 했다. 그렇게 하지 못했기에 그 후 친구는 절대 차를 빌려주지 않았다.

골로새서 3장 23절도 하나님이 주신 자원을 잘 관리해야 할 책임이 우리에게 있다는 점을 지적한다. 내가 친구에게 빌렸던 차와 마찬가지로 모든 자원은 우리의 것이 아니다. 단지 우리는 하나님이 주신 소명의 충성된 청지기가 될 수 있는 특권과 권위를 받았을 뿐이다. 청년 시절만큼 선택이 많은 시기도 없다. 우리는 어떤 대학원에 진학할지, 어떤 직장에 들어갈지, 어디서 살지, 누구와 결혼할지, 어떤 활동에 참여할지를 선택해야 한다. 그때 중요한 것은 모든 선택의 중심에 청지기 정신이 있어야 한다는 것이다.

삶의 중심은 내가 아니다

"이것은 우리에 관한 것이 아니다."[3] 릭 워렌의 책《목적이 이끄는 삶》의 첫 문장이다. 그렇다. 진정한 청지기는 자신이 삶의 주인이 아니라 관리자일 뿐이라는 점을 분명히 안다. 이것이 내 인생의 가장 중요한 깨달음 가운데 하나다.

나는 인생의 의미에 관한 내적 위기에 도달할 때까지 엉뚱한 질문만 던져왔다. 언제나 내가 중심이었다. '내 인생으로 무엇을 해야 할까? 나는 무엇이 되고 싶은가? 내 목표는 무엇인가? 내 비전은 무엇인가?' 내가 내 영혼의 선장이요 내 운명의 주인인 것처럼 굴었던 것이다. 예수님의 제자가 된 후에도 내 꿈, 내 삶에 하나님의 자리는 없었다. 내가 함장이고 하나님은 기껏해야 1등 항해사였다. 심지어 나는 하나님께 배의 키를 맡긴 적이 없고 어디로 가실 것인지 물어본 적도 없었다. 그러나 지금은 그것이 얼마나 어리석은 모습인지 너무나 잘 안다.

자신에 대해 죽으라

모든 것이 자기중심적으로 돌아가는 세상, 자신을 사랑하고 아끼고 보호하고 높이려고 애쓰는 세상 속에서 예수님은 반대 방향을 가리키신다. "너 자신을 십자가에 못 박아라!" 세상은 자신을 위해 살라고 외치지만 하나님의 말씀은 자신에 대해 죽으라고 요구한다. 자신에 대해 죽는 길은 보통 힘든 것이 아니지만 결국 가장 큰 보상으로 이어진다. 그러나 제자가 되겠다며 예수님을 찾아온 많은 사람이 발길을 돌렸다. 그들은 자신의 전부를 주님 앞에 내려놓을 마음이 없었던 것이다.

하지만 자신에 대해 죽어야만 진정으로 자신을 찾을 수 있다. 이것이 성공의 정의를 근본적으로 바꿔 놓는 가장 위대한 역설이다. 예수님은 이렇게 말씀하셨다. "자기 스스로 세우려는 노력에는 아무 희망이 없다. 자기를 희생하는 것이야말로 너희 자신, 곧 너희의 참된 자아를 찾는 길이며 나의 길이다"(마 16:25, 메시지성경). 사도 바울도 비슷한 말을 했다. "자기 자아에 사로잡힌 사람들은 결국 막다른 길에 이를 뿐입니다. 그러나 하나님께 주목하는 사람들은 탁 트이고 드넓은 자유로운 삶 속으로 이끌려 갑니다"(롬 8:6, 메시지성경).

소명을 발견하려면 자신에 대해 죽어야 한다. 창조주요 유일한 청중 앞에 자신을 온전히 내려놓아야만 하는 것이다.

맥스 루케이도는 이렇게 말했다.

> 선택 사항을 들고 하나님께 찾아가 그분의 취향에 맞는 것을 골라 주시기를 기대하지 마라. 그냥 빈손으로 가라. 아무런 저의도 없이, 아무런 바람도 없이, 등 뒤에 아무것도 숨기지 않은 채로. 하나님이 무슨 말씀을 하시든 그대로 따르겠다는 마음으로 가라. 당신의 뜻을 내려놓으면 하나님이 그분의 뜻대로 행하는 데 필요한 모든 것을 채워 주실 것이다.[4]

하나님이 그분의 영광을 드러내시자 이사야 선지자는 자신을 온전히 내어드렸다(사 6:8). 바울도 다메섹 도상에서 그리스도 앞에 자아를 온전히 내려놓았다(행 9:15-19). 심지어 우리의 궁극적인 본이 되신 예수님도 매일 아버지의 뜻에 순종하셨다(요 5:19).

항복의 삶은 "하나님, 언제 어디서 무엇을 원하시든 무조건 따르겠습니다"라고 말하는 것이다.

매일 자신에 대해 죽고 십자가를 질 때 얻는 궁극적인 상은 바로 그리스도와의 친밀함이다. 늘 하나님의 얼굴을 찾고 그분을 전부로 삼으면 자신이 누구이고 왜 창조되었는지를 알게 된다. 이전과는 다른 북소리를 따라 행근하게 된다. 따라서 우리는 세상의 요구와 기대에 끌려다니지 않고 매사 하나님이 무엇을 원하시는지 묻는 습관을 길러야 한다. "하나님, 제가 무엇을 하기를 원하시나요? 저를 창조하신 이유가 무엇인가요?" 우리의 중심에 하나님을 모시면 진정한 삶의 의미와 목적이 생길 것이다.

소명의 청지기가 되라

나는 누구나 하나님께 특별한 소명을 받았다고 생각한다. 그런데 크리스천 중에 자신의 소명이 무엇인지 확신하는 사람이 겨우 40%라고 하니 참으로 안타까운 노릇이다.[5] 하지만 자신이 누구이고 왜 창조되었으며 어디로 가고 있는지를 알아내려 애쓰는 청년들은 그 수치가 훨씬 더 낮을 것이다.

소명은 항상 선택과 용기를 요구한다. 하나님의 부르심에 응해 순종하고 의도적인 삶을 살 것인가? 그 부르심을 외면한 채 하나님이 주신 잠재력을 계속해서 썩힐 것인가? 우리는 모두 특별한 재능과 꿈, 기회를 받았다. 소명을 따라 살면서 자원을 최대한 활용할지, 아니면 자신을 위해 살면서 자원을 허비할지 스스로 선택해야 한다. 하나님의 부르심에 응해 순종하고 의도적인 삶을 살 때 우리는 혼란스러운 세상에서 보석처럼 빛나는 존재가 될 것이다.

실천 내용: 하나님의 피조 세계를 잘 돌보는 청지기 되기

이 활동의 목적은 하나님의 피조 세계와 환경에 대한 청지기 정신을 기르는 것이다.

1. 동네를 탐방한다. 땅, 포장도로, 하늘, 건물, 나무를 비롯해 식물, 차고를 살펴보고 사는 곳이 도시라면 좀 더 시골 지역을 가 본다.
2. 시편 8편을 읽는다.
3. 종이를 두 칸으로 나누어 '이상적인 세상의 모습'과 '현재의 비정상적인 세상의 모습'이라고 제목을 붙인다.
4. 관찰한 사실을 적절한 칸에 적어 넣는다.
5. 그 후 가족이나 친구들과 다음 질문에 관해 토론한다.

- 세상이 왜 이렇게 망가졌을까?
- 왜 우리는 환경과 하나님의 피조 세계에 관심을 가져야 할까?
- 하나님의 피조 세계를 돌보는 것이 하나님과 무슨 상관이 있을까?(창 1:1, 약 4:8)

6. 한 주간 당신의 활동을 적는다. 그리고 다음 질문을 스스
   로 물어보자.

   • 각 행동이 환경에 해가 되는가, 아니면 유익한가?
   • 어떻게 세상을 더 잘 돌보는 청지기가 될 수 있을까?

고민과 토론을 위한 질문

1. 하나님이 아닌 나 중심으로 살아온 영역은 무엇인가?

2. 청지기 정신을 받아들이지 못하는 이유는 무엇인가?

3. '삶의 청지기'라는 개념이 당신의 성공관에 어떤 영향을
   미치는가?

2장 | 다른 사람들도 다 소명을 찾았나?

우리는 모두 마음 깊은 곳에서 자신보다 더 큰 목적을 찾아 성취하기를 원한다. 이런 목적만이 우리를 도저히 이를 수 없는 높이까지 날아오르게 만든다. 우리의 진짜 목적은 개인적이고도 강한 열정을 일으킨다. 우리는 이 땅에서 무엇을 해야 하는지, 그것을 왜 해야 하는지를 알아야 한다.
_ 오스 기니스Os Guinness

소명, 곧 부름을 받는다는 것은 무슨 뜻일까? 가끔 학생들 중에 어떤 대학에서 합격 통보를 받았지만 다른 대학으로 부름을 받은 것 같다고 말하는 이들이 있다. 이런 말을 들으면 정확히 무엇이 우리를 부르는 것인지 궁금해진다. 그런가 하면 한 학생은 "CEO가 되고 싶었지만 하나님이 나를 더 큰일로 부르셨다. 전임 사역으로 부르시는 하나님의 음성을 느꼈다"라고 말하기도 한다. 이 말은 '성직이 세속적인 소명보다 더 중요한가?'라는 물음을 던지게 만든다.

오스 기니스는 소명에 관해 탁월한 정의 하나를 제시했다. "하나님이 우리를 너무나 강하게 부르셔서 그분의 호출과 섬김에 대한 반응으로 우리 존재의 전부…우리가 하는 모든 것…그리고 우리가 가진 모든 것에 특별한 열정, 활기, 방향성이 생기는 것."[1] 하나님의 부르심을 따라 살기를 간절히 열망하면 하나님이 소명을 밝혀 주신다. 그것을 생생하게 느끼면 비로소 스위트 스폿 안에서의 삶이 시작되었음을 알게 된다.

나는 분명히 소명을 발견했다. 그것은 매일 아침 가슴 떨리는 기대와 기쁨으로 눈을 뜨기 때문이다. 삶의 가장 큰 변화는 동기의 근원으로 삼던 것이 달라진 것이다. 예전에 나는 성취욕으로 움직였다. 자나깨나 물질적인 성과에 집착했다. 무엇이든 더 키우려는 욕구를 주체할 수 없었다.

하지만 부름을 받은 지금은 흔들리지 않는 목적의식을 갖고 일하며 산다. 작고 눈에 띄지 않아도 만족하며 살아간다. 스스로 쌓은 자기 보호의 벽에서 해방되어 이제는 하나님이 내 걸음 하나하나를 인도하고 계신다.

내가 소명을 더 깊이 이해할 수 있도록 도와준 몇 가지 정의를 소개한다.

- 내가 받은 재능으로 영원한 의미가 있는 하나님의 일을 하라는 하나님의 개인적인 초대

  _ 브래드 로메닉, 캐털리스트 컨퍼런스Catalyst Conference 전 회장

- 세상 속에서 자신의 시간과 정력과 능력을 사용하여 하나님을 섬기라고 하나님이 주신 목적

  _ 제럴드 L. 싯처, 휘트워스 대학교Whitworth University 신학 교수

- 이 세상에서 하라고 부름받은 일, 평생 하라고 명령받은 일…사람이 직업을 선택한다고 하지만 천직이 사람을 선택한다고 해도 틀린 말은 아니다. 부름이 오는데 사람이 그것을 듣거나 듣지 않는 것이다.

  _ 파커 파머, 용기와 회복 센터Center for Courage and Renewal 창립자이자 고문

- 하나님이 우리에게 짐을 지우시는 것, 그분이 정하신 곳에서 정하신 일을 통해 그분을 섬기라고 부르시는 것

  _ 라비 재커라이어스, 기독교 변증가

누가 부르는가

부르시는 분을 알기 전에는 소명을 온전히 알 수 없다. 이는 소명이 우리 자신에서 시작해서 우리 자신으로 끝나지 않고 다른 누군가가 우리를 부르고 있다는 뜻이다. 따라서 사람마다 받아들이기 힘들 수도 있다. 소명은 어떤 부름을 받기 전에 어떤 분에게 부름을 받아야 한다. 무언가를 하라고 부름을 받기 전에 어떤 사람이 되라고 부름을 받아야 하는 것이다. 우리가 우리 인생의 선장이요 스스로 운명을 선택할 수 있는 설계자라는 생각은 큰 착각이다.

"부르시는 분이 없으면 부름도 없다. 소명은 없고 단지 일만 있을 뿐이다." 오스 기니스의 《소명》에서 발견한 이 문장은 감탄사를 유발한다. 그렇다. 부르신 분이 누구이며 어떤 성품을 가진 분인지를 알 때 비로소 우리의 소명은 더 깊은 의미를 지닐 수 있다. 나는 창조주를 알아야 그분이 무엇을 기뻐하시는지 발견할 수 있다고 믿는다.

그렇다면 우리의 창조주는 누구인가? 우리는 그분에 관해서 무엇을 알고 있는가? 성경은 하나님이 우리를 창조하셨다고 분명히 말한다. 그분은 우리 인생의 저자다. 따라서 우리는 삶의 통제권을 전적으로 하나님께 넘겨야 한다. 우리의 삶은 부르신

분이 계시기에 영원한 의미가 있는 것이다.

팀 켈러Timothy Keller는 이렇게 말했다.

> 모든 사람이 잊힐 것이다. 우리가 하는 모든 일이 아무런 의미가 없을 것이다. 좋은 일도, 심지어 최선의 일도 무위로 돌아갈 것이다. 하나님이 계시지 않으면 말이다. 하지만 성경의 하나님이 존재하신다면, 이 현실 이면에 진정한 현실이 있다면, 이생이 유일한 생이 아니라면, 하나님의 부르심에 응답하여 추구한 모든 선한 일, 심지어 지극히 작은 일도 영원한 의미가 있다.[2]

레베카 라이언스Rebekah Lyons도 하나님의 부르심에 어떻게 응답해야 하는지에 대한 깊은 통찰을 보여 준다.

> 소명의 단순함을 덮고 있는 층들을 걷어내야만 한다. 우리가 사람들의 기대에 부응하거나 남들의 인정을 받기 위해 애를 쓰다 보니 소명이 복잡해졌다. 소명의 본질은 사람들이 중요하다고 생각하는 것을 버리고 순수한 마음으로 돌아가 "이것은 하나님이 맡겨 주신 일이다. 나는 이 일을 받아들이거

나 무시할 선택 앞에 놓여 있다"라고 말하는 것이다.[3]

자, 이제 우리의 선택이 남아있다. 하나님의 부르심에 응답하겠는가?

소명과 직업, 커리어의 차이

'소명'은 매우 복잡한 단어다. 어떤 이들에게는 목적이 이끄는 삶을 살고 있다는 확신이지만, 어떤 이들에게는 원하지 않는 무언가에 묶여 있는 감옥과 같다. 그런가 하면 소명을 사치라 여기는 이들도 있다. 먹고살기에 바빠서 소명 좇는 것을 배부른 자들의 특권처럼 느끼는 것이다. 이런 식으로 '소명'을 받아들이는 모습은 천차만별이다.

세상에는 소명을 찾도록 도와주겠다고 약속하는 책이 넘쳐난다. 나도 삶의 목적을 추구하는 법이 담긴 자기계발 서적을 누구 못지않게 많이 보았다. 그런데 책에 소개된 온갖 전략을 시도해 봐도 공허감은 조금도 가시지 않았다. 혹시 이런 공허감과 절망을 경험해 보았는가? 다른 사람들은 다 자기 소명을 열심히 추구하고 있는 것 같은데 나만 홀로 방황하고 있다고 느끼지 않는가? 잡힐 듯 잡히지 않는 구름처럼 소명이 정확히 무엇인지 알 수 없어서 답답한가? 주변 사람들에게 "너는 재능이 많은 친구야. 그런데 왜 그 좋은 재능을 썩히고 있나?"라는 말을 듣고 있는가?

많은 사람이 이런 공허감을 달래고자 커리어가 곧 소명이라고 자신을 속이고 있다. 어떤 예리한 관찰자는 이런 글을 남겼다. "학생들은 커리어 제일주의자들이 되어 버렸다…(그들은) 소명 의식이 아니라 커리어에 따라 인생의 결정을 내렸다."[4] 그래서 전도양양한 젊은 인재들이 연봉에 맞춰 직업을 결정한다. 하지만 소명은 커리어나 직업과 다르다. 운동선수가 경기로 임하는 스포츠를 초월하듯 소명은 커리어를 초월한 것이다.

메리앤 윌리엄슨Marianne Williamson은 이 점을 정확히 짚어냈다. "직업은 왔다가 간다. 하지만 소명은 태어나는 순간 주어지는 것이다. 직업은 잃을 수 있지만 소명은 잃을 수 없다."[5] 커리어를 쌓으면 이력서가 화려해지고, 소명을 추구하면 하나님과 함께 인생을 써내려가는 공동 저자가 된다. 물론 소명을 추구하는 과정에 커리어가 포함될 수는 있다. 하지만 소명을 커리어로 축소할 수는 없다. 소명은 커리어나 직업보다 훨씬 더 큰 개념이다. 커리어와 직업을 모두 포함한, 인생의 모든 면을 덮은 우산과 같은 것이다. 따라서 리더로 부름을 받은 사람이 꼭 직장에서 리더의 직함을 가져야 하는 것은 아니다.

일차적인 소명

우리는 예수 그리스도의 제자로 부름받았다. 이것이 우리의 일차적인 소명으로, 무언가를 하라는 것이 아니라 어떤 사람이 되라는 부름이다. 하나님은 우리와 교제하려고 우리를 부르셨다. 하나님은 우리를 그분과의 개인적인 관계로 부르신다. 오스 기니스는 일차적인 소명을 이렇게 정의했다. "그리스도의 제자로서 우리의 일차적인 소명은 그분에 의한, 그분의, 그분을 위한 부름이다."[6]

하나님은 우리가 무엇을 하는지보다 우리가 누구인지에 더 관심이 있으시다. 우리가 아무리 많은 상장과 성과를 내밀어도 하나님은 별로 감흥이 없으시다. 그분이 주목하시는 것은 바로 우리의 인격과 예수님을 닮아가려는 노력이기 때문이다. 그런데 우리가 죄로 말미암아 하나님과 분리되었다. 모두 죄를 지어 하나님의 기준에 이르지 못하게 된 것이다(롬 3:23). 이는 전선이 끊어져 전기가 공급되지 않는 전구와 같다. 전기가 다시 연결되려면, 망가진 상태를 고치고 다시 온전해지려면 하나님의 도움이 반드시 필요하다.

성경에는 우리가 하나님께 크게 네 가지 부름을 받았다고 나온다. 이것은 그리스도에 대한 믿음(롬 8:28-30, 고전 1:9, 살후 2:10-12), 하나님 나라(살전 2:10-12), 영생(딤전 6:12, 히 9:15), 거룩한 삶(고전 1:2, 벧전 1:15)으로의 부름이다. 우리의 일차적인 소명은 하나님과의 관계를 삶의 가장 중심에 놓고 우리와의 친밀한 관계를 원하시는 단 한 명의 관객을 보며 살아야 하는 것이다. 이것은 자기중심적이고 반항적인 삶을 떠나라는 부름이다. 세상(육신)에서 멀어져 예수 그리스도께 붙으라는 부름이다. 즉, 다시 태어나 예수 그리스도를 닮을 수 있도록 하나님께 마음의 수술을 받으라는 부름이다.

나는 믿는 가정에서 태어나 자랐지만 열네 살 때 예수님의 제자가 되라는 부름에 응답하면서 실질적인 크리스천이 되었다. 같은 해에 나는 가족과 친구들을 떠나 북미에서 새로운 삶을 시작했다. 그곳에서 하나님의 은혜로 기독교 학교에 들어갔고 예수님을 사랑하는 선생님과 학우들에게 둘러싸여 지낼 수 있었다. 고등학교에 들어가서는 4년 내내 나를 있는 모습 그대로 사랑해 주는 독실한 신앙의 가정에서 홈스테이할 수 있는 복을 누렸다. 그들은 무엇을 잘하느냐, 못하느냐에 따라 나를 판단하지 않았다. 그들의 사랑을 얻기 위해 반에서 1등을 할 필요가 없었다. 그들은 예수님이 제자들을 사랑하신 것처럼 나를 부족한 모습 그대로 사랑해 주었다.

그 사랑 덕분에 나는 그들의 친자식이 된 것 같은 소속감을 느꼈다. 그래서 나는 지금까지 그들을 "엄마, 아빠"라고 부른다. 그들은 소명을 따르는 길이 무엇인지를 삶으로 보여 주셨다. 그들의 모습을 보면서 예수 그리스도의 제자로서 자아를 내려놓고 다시 태어나는 것이 무엇인지를 똑똑히 깨달았다. 대학에 들어가서는 삶의 모든 영역에서 그리스도를 닮으려고 애를 썼다. 그러다 보니 어느 순간부터 내 삶에 하나님의 역사가 나타나기 시작했다. 하나님이 나의 얼룩진 과거를 하나씩 닦아주셨다. 어릴 때 겪은 온갖 상처가 조금씩 아물기 시작했고 실제로 다시 태어나는 기분이었다.

우리가 소명을 발견하지 못하는 가장 큰 이유는 일차적인 소명을 무시한 채 부차적인 소명으로 돌진하기 때문이다. 청년들과 소명에 대해 이야기를 나누다 보면 인생의 목적을 찾기 위해 '해야 할 일'을 수북하게 제시하는 자기계발 서적을 읽고 있다는 말을 심심치 않게 듣는다. 그 책들은 주로 '행동'에 초점을 맞추고 부르신 분이나 일차적인 소명에 대해서는 관심조차 없다. 그래서 많은 사람이 자신의 참된 정체성을 탐구하지 않고 오로지 무엇을 하는지에만 집중하여 자신을 정의한다. 그리고 인생을 위한 계획을 짜느라 바빠서 하나님의 일차적인 소명에서 멀어진다. 설령 그렇게 해서 훌륭한 성과를 거두더라도 먼저 자신이 무엇으로 부름을 받았는지 알지 못하면 소명은 결국 인간 중심의 목표로 전락한다.

성경에서는 소명을 '소속'으로 묘사한다. 하나님은 우리를 그분의 품으로 부르신다. 또한 성경에서 소명은 언제나 하나님의 신실하고도 변함없는 임재와 관련이 있다. 하나님은 그분의 품으로 돌아와 함께 거하자며 우리를 계속해서 부르신다. '거하다'라는 말이야말로 인류를 향한 하나님의 부르심을 완벽히 담아낸 단어가 아닐까 싶다. '거하다'는 변함없는 임재와 온전한 삶을 가리킨다. 시편 23편은 하나님의 적극적이고도 변함없는 임재를 아름답게 그려내고 있다.

"여호와는 나의 목자시니 내게 부족함이 없으리로다 그가 나를 푸른 풀밭에 누이시며 쉴 만한 물 가로 인도하시는도다 내 영혼을 소생시키고 자기 이름을 위하여 의의 길로 인도하시는도다 내가 사망의 음침한 골짜기로 다닐지라도 해를 두려워하지 않을 것은 주께서 나와 함께하심이라 주의 지팡이와 막대기가 나를 안위하시나이다 주께서 내 원수의 목전에서 내게 상을 차려 주시고 기름을 내 머리에 부으셨으니 내 잔이 넘치나이다 내 평생에 선하심과 인자하심이 반드시 나를 따르리니 내가 여호와의 집에 영원히 살리로다"(시 23:1-6).

이차적인 소명

이차적인 소명은 무언가를 '하라'는 부름으로 학생, 회계사, 엄마, 화가 등으로 부름받는 것을 의미한다. 또한 하나님이 지어 주신 독특한 모습에 맞는 구체적인 행동으로의 부름이다. 모든 사람에게 일차적인 소명은 똑같다. 예수 그리스도의 제자로서 하나님의 품 안에서 사는 것이다. 하지만 이차적인 소명은 사람마다 다르다. 여기에는 직업과 평범한 일상 속 일거리가 포함된다.

신앙과 일, 경제 연구소Institute for Faith, Work and Economics의 설립자 휴이 휄첼Hugh Whelchel은 우리를 더 나은 삶으로 이끌어 주는 이차적인 소명의 네 가지 측면을 규명했다.7

첫째, 이차적인 소명 중 가장 중요하고 자연스러운 소명은 육신의 가족에 대한 소명이다. 우리는 가족 안에서 태어나 자라면서 형제나 자매, 아들이나 딸, 아버지나 어머니의 역할을 한다. 하나님은 에덴동산에 가정을 만드시며 생육하고 번성하라는 명령을 하셨다. 육신의 가족 안에서 우리의 소명은 하나님의 문화 명령을 수행하는 한 방법이다.

둘째, 우리는 교회로 부름을 받았다. 교회는 그리스도의 몸이다. 그 몸의 지체들은 모두 영적 은사를 갖고 있고 그 은사를 사용하여 몸을 튼튼하게 만든다. 여기에 은사의 다양성까지 더해져 교회는 "우리가 다 하나님의 아들을 믿는 것과 아는 일에 하나가 되어 온전한 사람을 이루어 그리스도의 장성한 분량이 충만한 데까지" 성장한다(엡 4:13).

셋째, 우리는 서로 이웃으로 부름을 받았다. C. S. 루이스는 이렇게 말했다. "성체를 제외하면 이웃은 우리의 오감이 경험할 수 있는 가장 거룩한 대상이다."8 우리의 이웃은 교회와 가족 밖에 있는 공동체로, 가까이서 부대끼며 사는 사람들과 일터나 학교에서 만나는 사람들이 모두 포함된다.

넷째, 우리는 직업으로 부름을 받았다. 이것이 이차적인 소명 중 가장 많이 다루는 영역이다. 기본적으로 이것은 일을 의미한다. 도로시 세이어즈Dorothy Sayers는 이렇게 말했다. "일은 살기 위해서 하는 것이 아니라 그것을 하기 위해 사는 것이어야 한다…(일은) 일꾼이 재능을 온전히 발휘할 수 있는 것이어야 한다. 그리고 영적, 정신적, 육체적 만족을 찾을 수 있는 것이어야 한다. 또한 자신을 하나님께 드리는 통로여야 한다."**9**

삶이 왜곡으로 흐르지 않으려면 일차적인 소명과 이차적인 소명이 적절한 균형을 이루어야 한다. 베드로처럼 우리는 두 가지 소명을 마주하고 있다. 일차적으로 우리는 구원으로 부름을 받았다. 이차적으로는 일 속에서 구원에 반응하도록 부름을 받았다. 베드로의 경우는 이차적으로 '사람을 낚는 어부', 곧 사도로 부름을 받았다. 우리도 하나님이 지어 주신 독특한 모습에 맞게 일하도록 부름을 받았다. 그러므로 이차적인 소명을 일차적인 소명의 관점에서 이해하는 것은 매우 중요하다. 이차적인 소명은 일차적인 소명과 연결되어야 가치가 있다. 일차적인 소명을 무시한 채 이차적인 소명만 찾으면 그 결과는 허무함뿐이다.

다양한 소명

소명을 복수로 생각하는 법을 배워야 한다. 실제로 우리는 대부분 여러 가지 소명을 갖고 있다. 이차적인 소명은 단순히 직업만 의미하지 않는다. 그런데 다른 소명을 도외시한 채 직업적인 소명에만 매달리면 인생이 균형을 잃을 수밖에 없다. 우리에게 일만 있는 것은 아니다. 현재 학교에 다니고 있다면 학생으로도 부름을 받았고, 결혼했다면 태우자로도 부름을 받았고, 자녀가 있다면 부모로도 부름을 받았으며, 가족 안에서 아들이나 딸, 형, 동생, 삼촌, 이모 등 다양한 소명을 받은 것이다. 또한 교회에서 집사나 장로로도 부름을 받은 것이다.

또한 이차적인 소명은 시간에 따라 변한다. 예를 들어 결혼을 하면 남편이나 아내로서 새로운 소명이 시작된다. 그런가 하면 대학을 졸업하면 학생으로서의 소명이 끝나는 것처럼 일시적인 소명도 있다. 젊은 시절에 일에 파묻히기 쉬운 것은 다양한 이차적인 소명이 아직 오지 않았기 때문이다. 하지만 하나님이 소명을 보여 주실 때까지 참을성 있게 기다릴 줄 알아야 한다.

제프 고인스Jeff Goins는 자신의 소명을 하나의 포트폴리오로 본다. "포트폴리오 삶이란 우리가 학생이나 젊은 직장인뿐 아니라 누군가의 아들이나 딸, 남편이나 아내이기도 하다는 뜻이다." 그가 말하는 삶의 기본 개념은 우리의 삶을 하나의 활동이 아닌 여러 관심사와 열정, 활동의 집합으로 보자는 것이다. 그래서 일만 생각하지 말고 우리가 하는 모든 활동을 두루 살피자고 한다.[10] 인생은 여러 가지 소명의 공을 끊임없이 저글링하는 것과 같다. 그러므로 우리는 이 모든 소명을 책임감과 청지기 정신으로 대할 수 있어야 한다.

중심 잡힌 삶 VS 분열된 삶

다양한 소명을 두루 챙기며 사는 것은 어렵다. 어떤 소명은 서로 융화될 수 없는 것처럼 보인다. 이런 상황에서 어떻게 모든 소명을 잘 감당할 수 있을까? 회사와 업계에서는 존경받지만 아버지와 남편으로서는 꽝인 사업가 이야기를 한 번쯤은 들어 봤을 것이다. 반대로 아버지나 남편으로서의 소명에 치우쳐 밖에서는 인정을 받지 못하는 경우도 있다. 대학생과 교회 청년부 리더로서의 책임이 서로 부딪힐 수도 있다. 안타깝게도 그렇게 분열된 삶을 사는 사람은 너무 많다.

　많은 사람이 상충하는 요구를 분열된 삶으로 대응한다. 하지만 집과 직장에서 다른 사람으로 살면 스트레스가 이만저만이 아니다. 우리 모두 거짓되고 분열된 삶이 아니라 서로 연결되고 통합된 삶을 갈망하기 때문이다. 오랫동안 나는 극도로 분열된 삶을 살았다. 친한 친구들과 있을 때와 교회에 있을 때 전혀 다른 사람이었고 회사에 가면 또 다른 사람으로 변했다. 그렇게 거짓되고 분열된 삶을 사는 내내 숨이 탁 막히는 답답함을 느꼈다. 내 영혼은 점점 질식해 가는 것 같았다. 나는 나 자신에게 넌더리가 났고 스스로 사기꾼이 된 기분이었다.

세상은 삶의 균형을 찾으라고 한다. 하지만 균형이란 개념은 지극히 주관적이다. 그리고 한 번 잡았다고 해서 계속 유지되는 것도 아니다. 우리는 평생 아슬아슬한 줄타기를 하며 살아야 한다. 그런데 하나님의 이끄심에 맡기지 않고 우리의 힘으로만 삶의 균형을 잡으려고 하면 지칠 수밖에 없고 십중팔구 소용도 없다. 하나님의 인도하심을 따르면 편한데 왜 일부터 가족, 사생활, 친구 관계, 공동체 삶, 정치적 활동까지 인생의 모든 부분을 스스로 통제하려고 하는가?

잭 포틴Jack Fortin은 《*The Cen.tered Life*》(중심 잡힌 삶)란 책에서 균형 잡힌 삶의 대안으로 중심 잡힌 삶을 제안하고 있다.

이것(균형 잡힌 삶)의 문제점은 우리 자신에게 몰두하게 만든다는 것이다. 그렇게 하면 우리 삶의 요소들이 균형 상태를 유지하지 못한다. 예를 들어 자녀가 아플 때 어떤가? 그때 우리의 목표는 균형을 유지하는 것이 아니라 자녀를 돌보는 것이 된다. 균형 잡힌 삶의 대안은 충성된 삶이다. 이는 매순간 하나님께 충성하는 삶이다. 그래서 그분 안에서 살고 움직이고 존재하는 것이다. 이것은 중심 잡힌 삶이다. 충성된 삶의 완벽한 본보기는 예수 그리스도다. 예수님은 제자들의 만류에도 장시간 일하셨다. 반면 인적이 없는 곳으로 가서 쉬고 묵상하고 기도하면서 자신만의 시간을 갖기도 하셨다…삼위일체 하나님 중심의 삶은 분명한 정체성을 가져다주고 혼란스럽고 분열된 세상을 살아가는 단단한 기초를 제공한다. 내가 하는 모든 일에 창조주 하나님이 계신다. 그리스도는 나의 본보기로 세상에서 살고 사랑하기 위한 수단을 제공해 주신다. 성경은 내 안에서 삶을 인도해 주는 목소리다. 하나님을 내 삶의 중심에 모시면 내가 누구의 것인지, 내가 누구인지를 발견할 수 있을 것이다.[11]

소명을 모르고 사는 것은 지도나 나침반 없이 아마존 정글을 빠져나오려는 것과 같다. 소명을 제대로 알아야 의도적인 삶, 영원한 영향을 미치는 삶으로 가는 여행을 시작할 수 있다.

실천 내용: 다양한 소명 관리하기

소명이 하나인 경우는 드물다. 대부분의 사람들 삶에는 복수의 소명이 존재한다. 따라서 다양한 소명을 관리하는 법을 잘 배우면 인생을 잘 시작하고 마무리하기 위한 기초를 마련할 수 있다. 다음은 소명의 다섯 가지 영역을 찾아내는 시각적인 도구다. 각 영역에서 당신이 맡고 있는 중요한 역할을 찾아 적어 보자.

고민과 토론을 위한 질문

1. 두 가지 소명(일차적인 소명과 이차적인 소명)에 관해 알게 된 후
   소명에 대한 기존의 생각이 어떻게 바뀌었는가?

2. 당신의 이차적인 소명(예: 아버지나 어머니, 친구, 이웃, 교인 등)을
   나열해 보자. 일차적인 소명이 이런 역할을 뒷받침하고
   있는가, 아니면 이런 역할이 일차적인 소명에서 분리되어
   있는가?

3장 | 소명을 현실에서 이룰 수 있어?

계급이나 국가, 성, 조건과 상관없이, 단 한 명도 예외 없이 모든 사람이 개인적이고 특별한 소명을 가져야 한다. _ 윌리엄 퍼킨스William Perkins

소명이 다소 심오한 주제이기 때문에 소명을 찾는 데 어려움을 겪는 사람이 많다. 주변 사람들에게 소명이 무엇인지 물어보면 아마 수십 가지 다른 해석을 들을 수 있을 것이다. 게다가 오해도 굉장히 많다. 다음은 소명을 발견하는 것을 방해하는 몇 가지 함정이다.

영적 소명이 세속적인 소명보다 중요하다

어떤 친구는 나를 만날 때마다 이렇게 말했다. "아무래도 지금의 일로는 하나님께 영광을 돌릴 수 없을 것 같아. 전임 사역을 심각하게 고려하고 있어." 혹시 이와 비슷한 고민을 하고 있는가? 주변 사람들에게 이런 말을 들은 적이 있는가?

영적 소명이 세속적인 소명보다 더 중요하다는 개념은 흔히 성속의 분리로 알려져 있다. 친구의 말은 목사나 신부 또는 선교사 같은 영적인 일은 전임 사역이고 미술, 미디어, 법, 정치, 사회복지 사업 같은 세속적인 일은 파트타임 사역일 뿐이라는 의미를 함축하고 있다. 오스 기니스는 이런 사고방식을 '가톨릭 왜곡'이라 부른다. 가톨릭 시대에 생겨났고 지금도 여전히 가톨릭의 입장이기 때문이다. 내 친구는 영적 소명이 세속적인 소명보다 우월하다는 주장을 받아들인 수많은 크리스천 중 한 명이다. 하지만 모든 크리스천은 하나님의 전임 사역으로 부름받았다. 직업과 상관없이 하나님의 영광을 위해서 일해야 하는 것이다.

가톨릭 왜곡은 처음에 에우세비우스Eusebius라는 로마 역사가가 '인생의 두 가지 길'이란 개념을 이야기하면서 나온 것이다. 그는 하나님이 두 가지 삶을 허락하셨다고 주장했다. 신부와 수녀, 수도승처럼 명상에 전념하는 성직은 '완벽한 삶'이고

농부, 주부, 군인 같은 비천하고 세상적인 소명은 '허용된 삶'이라고 한 것이다.[1]

안타깝게도 많은 교회가 소명에 관한 성경적인 시각을 가르치지 않는다. 그러다 보니 많은 크리스천이 자신의 일이 교회에서 하는 사역만큼 중요하지 않고 하나님께도 영광이 덜 된다고 생각한다. 그래서 많은 크리스천이 세상 속에서 소금과 빛의 역할을 하지 않고 무작정 목회에 뛰어든다. 또한 많은 청년이 의미 있는 삶을 찾아 비영리 분야로 옮겨가고 있다.

하지만 하나님 앞에서는 모든 소명이 동일하다. 영적 소명이 세속적인 소명 위에 있다는 말은 성경 어디에도 없다. 모든 소명이 영적이다. 전임 사역을 하지 않아서 이류 크리스천인 것은 아니다. 목사든 선교사든 기업가든 간호사든 회사원이든 모두 하나님 앞에서 평등하다.

세상 모든 것이 하나님의 권위 아래 있고 하나님은 모든 사람에게 각자의 소명을 따를 능력을 주신다. 이 개념을 이해하면 모든 일을 하나님의 일로 여길 수 있다. 세속적인 분야에서 일하는 크리스천들은 문화를 개발하여 하나님의 청지기로서의 소명을 이룬다. 특별히 성직자로 부름받은 사람들도 있다. 하지만 성직이 자신의 일을 소명으로 여기고 최선을 다하는 사업가

나 노동자의 일보다 더 성스러운 것은 아니다. 오히려 영화, 정부, 기술, 교회, 교육 분야에서 성령 충만한 예수님의 제자들이 더 많이 필요하다. 사도 바울은 이렇게 말했다. "그런즉 너희가 먹든지 마시든지 무엇을 하든지 다 하나님의 영광을 위하여 하라"(고전 10:31).

소명에 대한 성경적인 의미를 잘 보여 주는 라틴어가 하나 있다. 바로 '코람데오'다. 코람데오란 "언제나 하나님의 임재 아래서 혹은 하나님의 얼굴 앞에서…하나님의 권위 아래서 하나님의 영광을 위해 사는 것"을 의미한다.[2]

우리는 이 땅에서 무엇을 하든 하나님의 꿰뚫어보시는 시선을 벗어날 수 없다. 하나님은 전능하고 전지하시다. 우리의 삶을 향한 하나님의 주권을 깨닫고 인정하면 우리의 '존재'와 '행동'은 모두 그분의 사랑과 주권에 대한 감사와 경배가 되고 우리 자신을 산제사로 드리는 수단이 된다.

코람데오의 삶은 우리가 하는 모든 것이 일관된 삶이다. 교사, 변호사, 주부로서의 소명을 충실히 감당하면 그 일도 영혼을 건지는 선교사만큼 영적인 것이다. 삶의 모든 것이 영적일 수 있다. 삶을 성과 속으로 나누는 것 자체가 신성모독이다.

윌리엄 윌버포스William Wilberforce는 소명을 놓칠 뻔했다. 스물

다섯 살에 그리스도를 영접했을 당시 그는 최연소 국회의원 중한 명이었다. 그는 인생을 향한 하나님의 뜻을 찾던 중 노예 상인이었다가 목사가 된 존 뉴턴을 찾아가서 하나님이 정치보다 종교에 더 관심이 있기 때문에 정치를 그만두고 목회 전선에 뛰어들 생각이라고 말했다. 하지만 뉴턴은 그가 계속해서 정치를 하는 것이 하나님의 뜻일 수도 있다는 의견을 내놓았다. 다행히 윌버포스는 뉴턴의 말에 귀를 기울였고 정치인의 길을 계속 갔다.

윌버포스가 노예 제도 폐지에 앞장서지 않았다면 세상은 지금과 완전히 다를 것이다. 1787년 10월 28일 윌버포스는 일기에 이런 글을 남겼다. "전능하신 하나님이 내 앞에 두 개의 거대한 목표를 두셨다. 하나는 노예 무역을 금지시키는 것이고, 다른 하나는 도덕Manners 개혁이다.'³ 그는 '하나님이 예비해 주신 선한 일'을 발견했다. 다만 그 일을 하면 영국 경제가 큰 타격을 입을 수 있었다. 하지만 그는 하나님이 주신 능력을 발휘하여 조국을 지독한 악에서 구해냈고 동포들에게 노예 제도 폐지로 인한 재정적 어려움을 견뎌낼 도덕적 힘을 주었다. 영국 경제는 쇠퇴했지만 하나님 나라는 성장했다. 1700년대 하층 계급에서 시작된 부흥이 1800년대에 중산층과 상류층으로 확산되면서 영국의 도덕적 수준을 크게 끌어올렸다. 또한 링컨의 반노예제

운동에 큰 영감을 주었다고 한다.

거룩한 직업과 거룩하지 못한 직업이라는 이분법은 존재하지 않는다. 하나님은 교회 안의 일이 세속 분야의 일보다 우월하다는 말씀을 하신 적이 없다. 성과 속이 다르다는 오해에 빠져 소명을 추구하지 못하는 것은 너무나 안타까운 일이다. 꼭 성직자가 되지 않아도 성경의 가치에 어긋나지 않으면 하나님은 그 일을 통해 충분히 영광을 받으신다. 중요한 질문은 '어느 분야에서 일하느냐'가 아니라 '부름을 받은 분야에서 소명을 충성스럽게 감당하고 있느냐'인 것이다.

이상적인 일만 소명이다

오늘날 우리는 일 중심의 세상에 살고 있다. 처음 만난 사람에게 보통 뭐라고 묻는가? 가장 흔한 것은 아마 "무슨 일을 하세요?"일 것이다. 그만큼 오늘날 우리의 정체성은 직업과 관련이 있다. 가톨릭 왜곡에 대한 반발로 종교개혁은 세속적인 일의 중요성을 강조했다. 그런데 그것이 지나치다 보니 소명을 단순히 '직업'으로 이해하는 부작용이 나타났다. 개신교 왜곡은 '소명'이란 단어에서 영적인 의미를 완전히 제거하는 뜻밖의 결과를 낳고 말았다.

그러면 소명은 일종의 우상이 된다. 우상이 무엇인가? 무엇이든 하나님보다 우리의 마음과 상상력을 더 사로잡는 것이다. 일을 숭배하면 결국 부르신 분 없는 소명을 갖게 된다. 스스로 자신을 부른 자가 되는 것이다. 그러면 일은 하나님께 영광이 되지 못하고 오직 자신의 욕심을 채우기 위한 수단으로 전락한다. 그저 성공을 위해서만 살고 성공이 인생의 궁극적인 목적이 되어 버리는 것이다.

오스 기니스는 《소명》에서 이렇게 말했다.

일을 즐기고 사랑하다 못해 가예 숭배하고 있는가? 그래서 그리스도를 향한 사랑이 뒷전으로 밀려 버렸는가? 하나님의 일을 하면서 편의나 효용, 생산성만 따지고 있는가? 자신의 가치를 증명하는 것이 독적인가? 세상에 영향력을 발휘하고 싶은가? 세상에서 이름을 날리고 싶은가? 하나님의 소명은 이런 지극히 인간적인 길을 가로막는다. 우리는 무언가를 하거나 어딘가로 가도록 부름받지 않았다. 먼저 우리는 어떤 분에게 부름을 받았다. 우리는 특별한 일이 아닌 하나님께 부름을 받은 것이다. 소명에 응답하기 위한 열쇠는

그 누구도, 그 무엇도 하나님보다 더 사랑하지 않는 것이다.**4**

개신교 왜곡의 목소리는 어떤 일이든 열심히만 하면 그것이 곧 소명이라고 말한다. 하지만 깊은 소명 의식이 없으면 그 어떤 일이나 커리어도 온전한 만족을 주지 못한다. 부르신 분이 없으면 공허하고 허무할 뿐이다. 하나님은 보통 우리를 재능에 맞게 부르신다. 우리는 우리의 유익이 아니라 청지기와 섬김의 삶을 살기 위해 재능을 사용해야 한다. 소명을 세속적으로 왜곡하면 돈과 권력, 명예, 안정만 추구하는 출세제일주의라는 결과를 낳게 된다. 직업과 커리어를 선택하는 것보다 소명 의식이 먼저여야 한다. 일을 선택하고 정체성을 찾는 것이 아니라 소명에 따라 일을 선택해야 한다.

하나님은 자격이 있는 사람들만 부르신다

나는 스물다섯 살에 하나님의 큰 역사를 느꼈다. 하나님은 나를 누구도 가지 않은 새로운 길로 이끌고 계셨다. 하나님은 성공에 관한 기존의 생각을 바꿔 줄 사람들과 책으로 나를 인도하셨다. 그 후 몇 년간 나는 이 책에 소개한 개념들을 꾸준히 적용해 나갔다. 그렇게 하나님은 나를 계속해서 다듬어 가셨다.

내 삶을 뿌리째 변화시키는 하나님의 역사를 느낄수록 이 메시지를 많은 사람에게 알리고 싶은 마음이 커졌다. 책을 써야겠다는 생각이 나날이 강해졌다. 이것이 하나님이 내게 주신 사명이라고 느꼈지만 동시에 내가 이런 책을 쓰기에 너무 자격이 없는 것 같았다. 삶에 대해 뭘 안다고 소명과 같은 심오한 주제를 책으로 쓴단 말인가. 더구나 나는 대학에서 문학을 전공하지도 않았고 글쓰기로 상을 받은 적도 없었다. 아무리 생각해도 자신이 없었다.

그러던 어느 날 성경에서 모세의 이야기를 읽게 되었다. 모세가 불타는 가시덤불 속에서 하나님을 만났을 때 그의 삶은 40년간 곤두박질하는 중이었다. 원래 그는 이집트 사회의 상위 1%였지만 순간의 화를 참지 못해 평생 쌓은 탑을 한순간에 무너뜨렸고 이후 40년간 광야에서 야인으로 장인의 양떼를 치며 살았다. 그런데 여든의 나이에 하나님의 분명한 부르심을 받은 것이다. "이제 내가 너를 바로에게 보내어 너에게 내 백성 이스라엘 자손을 애굽에서 인도하여 내게 하리라"(출 3:10). 하지만 모세는 자신이 없었다. 아무리 생각해도 그 일을 감당할 능력이 없었다. 말주변도 없는데 감히 덤빌 수 없다고 느꼈다. 그러나 마침내 그는 하나님의 부르심에 응답했다.

모세의 이야기를 읽으면서 나와 비슷하다는 생각을 했다. 내가 지나온 삶을 이야기하면 다들 의외라는 표정을 짓는다. 나를 자신만만하고 야망이 가득찬 사람으로만 보기 때문이다. 모두 나를 실패와 역경 없이 탄탄대로만 걸은 줄 안다. 하지만 나와 절친한 사람들은 내 인생이 얼마나 극적인 변화를 거듭했는지 너무나 잘 안다.

아홉 살 때 나는 미국에서 한국으로 왔다. 부모님은 한국어를 한마디도 할 줄 모르는 나를 덜컥 한국의 초등학교에 입학시키셨다. 덕분에 매일이 가시밭길이었다. 게다가 주의력결핍 과잉행동장애ADHD까지 나타나 친구들과 어울리지 못하고 극도로 경쟁적인 교육 환경에 적응하지 못해 매일 힘들어했다. 상어가 우글거리는 바다를 헤엄치는 것 같아 한시도 정신을 놓을 수 없었다.

하루는 선생님이 앞으로 나와 한국어로 된 글을 읽으라고 시켰다. 그 순간 얼굴이 빨개지고 숨이 턱 막혔다. 친구들은 그 모습을 보고 깔깔거리며 웃기 시작했다. 내가 발음을 틀릴 때마다 조롱이 비수처럼 날아와 가슴에 박혔다. 천하의 바보가 된 기분이었다. 그렇게 호되게 창피를 당한 후 10년 가까이 남들 앞에 서지 못하는 무대공포증에 시달렸다. 나는 수줍음이 심하게 많고 자존감이 낮은 사람으로 변했다.

지난 10년 동안 아픈 기억을 이겨내긴 했지만 지금도 가끔 묵은 상처가 욱신거린다. 하지만 하나님은 약점과 부족함을 통해 내 소명을 이루셨다. 현재 나는 리더십 개발 컨설턴트로 세계 곳곳의 리더를 돕고 있는데 주로 무대에 서서 강연을 한다. 하나님은 자격도, 능력도 없다고 생각해 뒷걸음질하는 내게 이렇게 말씀하셨다. "폴, 다 안다. 걱정하지 마라. 너는 그저 나서기만 하면 된다. 나머지는 내가 다 알아서 하마."

부르심에 관한 말 중에 이런 말이 있다. "하나님은 자격 있는 자들을 부르지 않고 부르신 자들에게 자격을 주신다." 전도자이자 기독교 교육가인 D. L. 무디도 비슷한 말을 했다. "모세는 스스로 대단한 사람이라고 생각하며 40년을 보냈다. 그리고 자신이 하찮은 사람이라는 사실을 깨닫는 데 40년이 걸렸다. 그다음 40년은 하나님이 하찮은 사람을 통해 어떤 일을 행하시는지를 발견하는 시간이었다."[5]

매들렌 랭글Madeleine L'Engle은 이렇게 말했다.

매우 실질적인 의미에서 으리는 모두 자격이 없다. 하지만 하나님은 늘 가장 자격이 없는 사람을 택하여 그분의 일을 하시고 영광을 받으신다. 자격이 있는 사람들은 대개 모든 것을 자신의 힘으로 한 줄 안다. 하지만 아무런 자격이 없다는 사실을 인정할 수밖에 없는 사람들은 하나님의 역사를 자신의 역사로, 하나님의 영광을 자신의 영광으로 혼동할 위험이 없다.[6]

나는 '하나님이 나처럼 보잘것없는 사람도 사용해 주실까?'라는 생각이 들었고 하나님의 계획을 조금씩 믿기 시작했다. 하나님은 자격 있는 자들에게 자신에 대해 죽을 것을 요구하신다. 왜냐하면 불가능한 일이 오직 하나님을 통해서만 가능하기 때문이다. 나는 이 사실을 깨닫고 나서 부르신 분에 대한 놀라운 믿음의 도약을 경험했다.

성경에서도 볼 수 있듯이 하나님은 약점과 실패로 가득한 불완전한 사람을 사용하셨다. 이삭은 몽상가였고 야곱은 속임수에 능한 자였다. 베드로는 다혈질에 예수님을 세 번이나 모른다고 부인했다. 다윗은 바람을 피우고 나서 살인으로 그 일을 덮으려고 했다. 노아는 술꾼이었고 기드온은 열등감의 화신이었다. 미리암은 아무 잘못이 없는 사람을 험담했다. 마르다는 걱정이 많고 도마는 의심이 많았다. 사라는 참을성이 없었고 엘리

야는 성격이 괴팍했다. 모세는 말을 더듬었다. 이렇게 하나님은
엘리트 집단이 아닌 낙오자 집단에서 일꾼을 뽑으셨다.

소명 추구는 중산층 이상이나 가능한 호사다

안타깝게도 소명은 수많은 청년의 기를 죽이는 요인 중 하나다.
눈앞에 펼쳐진 현실과 자신이 꿈꾸는 소명의 격차가 굉장히 크
기 때문이다. 그들에게 소명을 좇는 것은 사치 같다. 대다수가
소명을 좇는 것을 불가능한 일이나 상류층만 누리는 특권으로
여긴다. 특히 후진국 청년들은 먹고살기도 바빠 소명에 눈길을
줄 여유조차 없다. 이런 절망의 이면에는 소명이 무조건 특별한
것이어야 한다는 잘못된 가정이 깔려 있다. 소명이라 하면 동화
속에서나 가능한 삶, 언제나 기쁨과 즐거움이 가득한 낙원 같은
삶, 세상에 큰 족적을 남기고 영원한 유산을 창출하는 삶, 페이
스북 프로필이 현실이 되는 삶, 난관도, 고통도, 시련도 없는 삶
을 떠올리기 쉽다.

하지만 소명이 대부분 아주 평범한 것이라면 어떨까? 사실
우리의 삶은 대부분 평범한 일상이다. 이는 우리의 소명이 특별
한 것이어야 한다는 이 시대의 메시지와 완전히 상반된다. 사실

평범한 학교를 졸업해서 평범한 직장에서 일하며 평범한 친구들과 어울리는 평범한 사람이 되기를 원하는 사람은 드물다. 우리는 세상을 변화시키겠다는 거창한 꿈을 좇는 동안 평범한 일상 속에서 하나님께 영광을 돌리고 남들을 섬길 수 있는 수많은 기회를 놓칠 수 있다.

사도 바울이 받은 소명의 핵심은 이방인을 위한 사도가 되는 것이었다. 그리고 그 소명을 이루기 위한 자금은 텐트를 만들어 구했다. 바울의 본업인 텐트 제작은 소명의 일부였고 이방인을 위한 사도라는 소명을 뒷받침하기 위한 수단이었다.

물론 텐트 제작을 그리 멋진 직업이 아니라고 생각할 수도 있다. 하지만 삶의 목적을 이루기 위해 하는 일이므로 소명의 중요한 일부라는 사실을 잊지 말아야 한다. 이 부분을 창피하게 여기면 우리를 위한 하나님의 원대한 목적과 계획을 온전히 이룰 수 없다. 하나님이 우리를 거창한 일로 부르지 않으실 때도 있다. 사실 우리는 비범하신 하나님을 위해 사는 평범한 사람들이다. 이제 누가 나를 부르고 계신지 알겠는가? 확실하게 대답할 준비가 되었는가? 지극히 평범한 소명을 받아들일 준비가 되었는가?

실천 내용: 믿음의 도약하기

이 활동은 극복해야 할 두려움이나 약점이 있다면 하나님이
도와주실 줄 믿고 그 두려움이 맞서 보는 것이다. 이 활동의
내용은 다음과 같다.

1. 대중 앞에서 말하는 것을 두려워한다면 교회에서 간증을
   하거나 학교에서 발표를 허보자.

2. 누군가에게 작은 친절을 베풀고 싶다면 길에서 만나는 사
   람들에게 친절한 말 한마디와 웃음을 건네 보자.

3. 지역 사회에서 봉사하고 싶은데 어떻게 참여해야 할지 모르
   겠다면 근처의 노숙자 쉼터를 찾아가 급식 봉사를 해보자.

4. 이처럼 당신이 두려워하는 일이나 약점을 찾아보자. 두려
   움을 무릅쓰고 그와 관련된 일을 실천해보면 뜻밖의 성장
   을 경험할 수 있을 것이다.

고민과 토론을 위한 질문

1. 당신의 일이 전임 사역보다 세상에 덜 기여한다고 생각하는가?

2. 예수 그리스도와 개인적인 관계를 맺고 있는가?

3. 스스로 하나님의 소명을 추구할 자격이 없다고 생각하는가? 이번 장을 읽고 나서 그 생각이 바뀌었는가? 그렇다면 어떻게 바뀌었는가?

4. 당신의 상황에서 소명을 추구하는 것은 사치라고 생각하는가? 이번 장을 읽으면서 소명에 대한 생각이 어떻게 바뀌었는가?

Calling

3부 하나님께 답을 들어야겠어

1장 | 소명을 어디에서 찾아야 할까

내 삶을 향해 무엇을 하고 싶은지 밀하기 전에 내 삶을 향해 내가 누구인지 묻고 그 답에 귀를 기울여야 한다 _ 파커 파머 Parker J. Palmer

우리를 향한 하나님의 소명을 발견하려면 분별력을 발휘해야 한다. '분별'이란 분리하고 구분하여 추려내는 것이다. 즉, 소명을 구분하고 추려내야 한다. 그리고 그 과정에서 자신의 판단보다 하나님의 인도하심에 몸을 맡겨야 한다.

소명을 분별하는 데 정해진 공식은 없다. 모두 한 번쯤은 '소명을 찾기 위한 20가지 방법'이나 '소명을 추구하기 위한 15가지 도구' 같은 글을 읽어 봤을 것이다. 하나같이 소명을 발견하는 과정을 앞당길 수 있다고 말한다. 하지만 소명은 그런 식으로 발견할 수 없다.

오랫동안 나는 하나님의 분명한 부르심을 기다렸다. 갑자기 새로운 인생의 방향이 훤히 보이는 '불타는 가시덤불' 같은 순간을 기다린 것이다. 노아를 불러 방주를 지으라고 명령하신 하나님, 다메섹으로 가는 길에 눈부신 빛 가운데 사도 바울을 부르신 하나님, 아브람과 사라를 놀라운 여행으로 부르신 하나님, 하나님이 나도 그렇게 부르시기를 기다렸다.

하지만 오늘날 소명은 그런 식으로 오지 않는다. 사실 성경에도 그런 식으로 부름을 받은 사람은 100명이 안 된다. 우리는 대부분 불타는 가시덤불 같은 순간을 경험할 수 없다. 따라서 소명 찾기는 평생에 걸친 보물찾기 같은 게임이 될 가능성이 높다. 극적인 순간을 기다리기 보다는 인생의 경험을 돌아보고 다른 사람들에게 물으면서 중요한 단서를 하나씩 찾아야 한다. 소명을 발견하기 위해서는 방향을 알려 주는 이정표를 놓치지 않고 눈여겨봐야 하는 것이다.

기도와 듣기

초자연적인 징조와 답을 찾기보다 자신이 누구인지에 귀를 기울여야 한다. 소명은 주로 우레와 같은 박수보다 속삭임으로 다가오기 때문에 항상 귀를 쫑긋하고 있어야 한다. 무엇보다 하나님의 부르심을 들으려면 그분과 더욱 친밀해져야 한다.

파커 파머는 《삶이 내게 말을 걸어올 때》에서 이렇게 말했다.

> (소명은)…듣기를 통해 찾아온다. 내 삶의 소리를 듣고 내가 어떤 삶을 살고 싶은지가 아니라 내 삶이 진정 어떤 삶인지를 이해하려고 노력해야 한다. 그렇지 않으면 아무리 간절히 원해도 내 삶이 어떤 것도 표현하지 못한다. 내 삶을 향해 무엇을 하고 싶은지 말하기 전에 내 삶을 향해 내가 누구인지 묻고 그 답에 귀를 기울여야 한다. 내 정체성의 중심에 있는 진실과 가치관에 귀를 기울어야 한다. 내가 따라야 하는 기준이 아니라 나 자신으로 살면서 저절로 따르는 기준이 무엇인지를 알아내야 하는 것이다.[1]

우리는 영적인 환경에서만 하나님의 뜻을 알 수 있다. 즉 기도하는 중에만 가능한 것이다. 하나님과 대화를 할 때 그분이 우리를 어디로 이끄시는지를 제대로 분별할 수 있다. 그러므로 매일 하나님께 조용히 묻는 시간을 따로 구별해 두어야 한다. "하나님, 무엇을 원하십니까? 오늘 제가 어떻게 살아야 합니까? 제 삶의 어떤 영역이 그리스도를 닮아가야 합니까?" 그때 살아 계신 하나님의 말씀이 마음을 관통할 수 있도록 성경 구절을 인용하여 기도하면 더욱 좋다.

사람들의 목소리

소명은 홀로 발견할 수 없다. 현대 개인주의는 누구나 스스로 방향을 선택할 능력이 있다고 말한다. 하지만 혼자 고민하다가 결국 사욕을 위해 진로를 결정하는 청년들이 너무나 많다. 이는 청년들이 범하는 가장 크고 흔한 죄다. 소명은 공동체 안에서 가장 잘 분별할 수 있다. 그런 의미에서 잠언 기자는 이렇게 말했다. "지략이 없으면 백성이 망하여도 지략이 많으면 평안을 누리느니라"(잠 11:14). 믿음의 공동체 안에서 소명에 관해 나누다 보면 뜻밖의 깨달음을 얻을 때가 많다. 우리의 제한적인 시각과 기대 너머를 볼 수 있게 되는 것이다. 또한 주변 사람들의 말에 귀를 기울여야 한다. 가족이나 친구들의 말뿐 아니라 적이나 원수의 말에서도 배울 점을 찾아야 한다. 경청하는 귀에는 유익이 있기 때문이다.

하지만 소명을 찾는다고 해서 단순한 여론조사를 벌이는 것은 곤란하다. 물어볼 가치가 있는 사람들에게 묻는 분별력이 필요하다. 우리의 일차적인 소명은 삼위일체 하나님과 교제하며 사는 것이다. 하나님, 나아가 다른 사람들과 진정한 공동체를 이룰 때 비로소 소명을 발견할 수 있다. 그리고 그 발견은 번개가 번쩍이는 것 같은 극적인 경험일 수도 있지만 대개는 잔잔한 가운데 이루어진다.

우리의 소명은 공동체를 통해 찾아오는 동시에 공동체를 향한다. 다른 사람들의 목소리가 아니면 지금의 나는 없을 것이다. 하나님은 때마다 필요한 목소리를 보내 주셨다. 나는 사람들과 영적인 대화를 나눌 때 살아 있다는 것과 사랑으로 충만한 기분을 느낀다. 사람들과 내 독소리가 어우러져 내 삶에 빛과 평안을 더해 주기 때문이다.

윌리엄 윌버포스의 삶을 살펴보자. 하나님은 세 사람을 통해 윌버포스를 부르셨다. 불신자인 윌리엄 피트William Pitt, 윌버포스의 영적 멘토이자 유명한 찬송가 "나 같은 죄인 살리신"Amazing Grace의 작사가인 즌 뉴턴, 위대한 성공회 목사 존 웨슬리가 그들이다. 1790년 초 웨슬리는 윌버포스에게 노예 제도와의 싸움을 포기하지 말라고 격려하는 편지를 썼다. 그것은 웨슬리가 쓴 마지막 편지로 당시 여든여덟 살이었던 그는 엿새 뒤에 세상을 떠났다.

하나님이 의원님을 세워 주시지 않았다면…종교와 영국, 나아가 인간 본성의 수치인 이 지독한 악행에 맞선 영광스러운 싸움을 끝까지 버텨낼 수 없을 것입니다. 하나님이 이 일을 위해 의원님을 세워 주시지 않았다면 사람들과 마귀들의 반대에 지쳐 버렸을 것입니다. 하지만 하나님이 함께하시면 누가 의원님께 대적하겠습니까? 제발 선한 일에 지치지 마십시오. 심지어 역사상 가장 지독한 악인 미국의 노예 제도가 사라질 때까지 하나님의 이름과 그분의 능력으로 끝까지 버티십시오.[2]

오스 기니스는 예수님을 영접하고 나서 목사가 되어야 한다고 생각했다. 하지만 주유소 직원과 10분간 대화한 뒤에 자신의 일이 교회 안이 아니라 밖에 있다는 사실을 깨달았고, 결국 그는 사회에 참여하는 지식인이 되었다.

먼저 신실한 리더들의 조언과 본보기를 구해야 한다. 목사와 주일학교 교사를 비롯한 교회의 리더들이 우리의 소명을 보여주는 지표가 될 수 있다. 그들이 우리의 소명에 관해 적신호를 올리면 가볍게 여기지 말고 귀담아들어야 한다. 가족의 말도 흘려들어서는 안 된다. 잠언 1장 8절은 "내 아들아 네 아비의 훈계를 들으며 네 어미의 법을 떠나지 말라"고 말한다. 다만 믿지 않는 가정에서 자란 이들도 많기 대문에 약간의 주의가 필요하다. 부모의 조언도 정말로 유익한지를 분별할 수 있는 지혜가 필요한 것이다.

심지어 믿는 부모도 돈과 명예, 권력만 최고라고 생각할 수 있다. 그러므로 부모의 말이 맞는지 판단이 서지 않을 때는 목사님을 비롯한 교회 리더들에게 자문을 구하는 것이 좋다. 물론 이런 영적 리더들도 본궤도에서 이탈해 세상의 욕심을 좇을 수 있다. 그러므로 우리는 확신이 서지 않을 때 성경으로 돌아가 하나님의 인도하심을 구해야 한다.

나는 단순히 올바른 질문을 던짐으로써 소명을 발견했다. 쉽지 않았지만 용기를 내어 그 질둔에 답했을 때 말할 수 없는 평안이 찾아왔다. 다음은 내가 하나님의 소명을 발견하는 데 도움이 된 질문이다.

- 내가 다른 사람들과 다른 점은 무엇인가?

- 나의 영적 은사는 무엇인가?

- 나의 가장 큰 강점 세 가지는 무엇인가?

- 내 강점은 어디서 가장 빛을 발하는가?

- 내 약점은 무엇인가?

- 나는 언제 어디서 가장 열정적인가?

- 나는 언제 어디서 무기력해지는가?

- 나를 세 단어로 어떻게 표현하겠는가?

- 내가 그만두어야 하는 것은 무엇인가?

- 내가 시작해야 하는 것은 무엇인가?

- 내가 계속해야 하는 것은 무엇인가?

- 나는 언제 가장 기뻐하고 만족스러워하는가?

- 나는 하나님 나라를 넓히는 데 어떤 도움이 되고 있는가?

스위트 스폿의 요소

소명을 찾는 과정은 단순하지 않다. 청년들과 이야기하다 보면 하나님이 소명으로 숨바꼭질하신다는 식의 말을 자주 듣는다. 그들은 소명에 대해 '과녁 정중앙'의 접근법을 취한다. 그들이

해야 할 단 하나의 완벽한 소명이 있고 즉, 하나님이 그 소명을 놓고 숨바꼭질하고 계시다고 생각하는 것이다. 하지만 우리의 목표는 과녁 정중앙이 아닌 스위트 스폿을 발견해서 더 의도적인 삶을 사는 것이다.

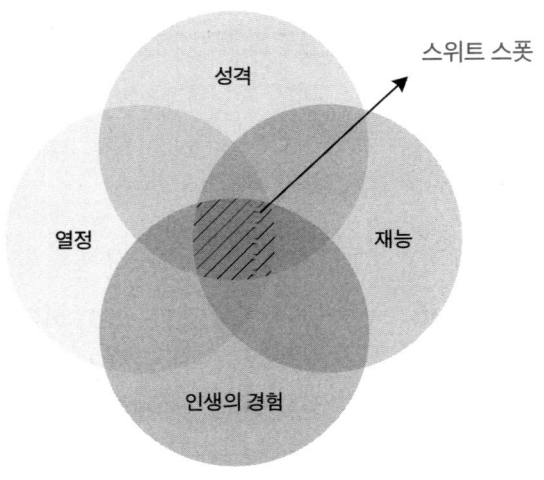

스위트 스폿은 그림에서 볼 수 있듯이 네 가지 원이 겹치는 교차점이다. 첫 번째 원은 타고난 성격이다. 자신의 기질이나 성향을 뜻한다. 두 번째 원은 개능이다. 타고난 재능, 원래 잘하는 것과 갈고 다듬어서 잘하게 된 것을 뜻한다. 세 번째 원은 열정이다. 영혼에 불을 댕기는 것, 세상의 문제가 해갈되도록 하나님이 우리 안에 주신 거룩한 갈증을 뜻한다. 네 번째 원은 인생의 경험이다. 삶 속에서 열리고 닫힌 문들, 지금의 우리를 있게 한 사람들과 이야기가 여기에 속한다. 그리고 네 가지 원이 겹치는 곳이 우리의 스위트 스폿이다.

의미와 만족이 충만한 삶을 원한다면 스위트 스폿을 향해 점점 더 가까이 다가가야 한다. 내가 누구이고 왜 이곳에 있으며 어디로 가고 있는지를 탐구하면 우리의 인생에 거대한 변화가 나타난다. 되는 대로가 아니라 의도적인 삶을 살게 된다. 얼마나 걸릴지 모르지만 포기하지 말고 끝까지 밀고 나가야 한다. 무엇보다도 직업적인 스위트 스폿으로 가기 위해 어떻게 해야 할지를 알려 달라고 하나님께 기도해야 한다.

의도적인 삶이란 하나님 나라를 넓히기 위해 매순간 재능과 자원, 기회를 최대한 활용하는 것이다. 스위트 스폿 안에서 살면 말로 설명할 수 없는 기쁨과 평안이 넘친다. 자신이 '누구의 것'이고 자신이 '누구인지'를 분명히 알면 소명을 중심으로 인생의 다섯 가지 영역(자신, 가족, 팀, 조직, 지역사회)을 재편성할 수 있다.

고민과 토론을 위한 질문

1. 소명을 분별하기 위해 시작할 수 있는 일들은 무엇인가?

2. 삶 속에서 하나님의 목소리를 좀 더 주의 깊게 들을 수 있는 방법은 무엇인가?

3. 당신의 소명을 발견하는 더 다른 사람들의 목소리가 도움이 되었는가?

2장 | 소명 이전에 나 자신부터 찾자

> 각기 다른 우리의 성격은 스테인드글라스처럼 다양한 색깔과 패턴으로 하나님의 빛을 반사한다. _ 릭 워렌Fick Warren

6년간 미국에서 살다가 한국에 왔을 때 실수로 110V 헤어드라이어를 220V 콘센트에 꽂고 말았다. 결국 헤어드라이어는 1분간 작동하다가 꺼졌다. 그것이 220V에 맞지 않게 설계되었기 때문이다. 나는 피곤과 무의미, 공허함을 느낄 때마다 혹시 내가 나와 맞지 않는 콘센트에 연결되어 있는 것은 아닌지 확인한다.

하나님은 우리를 그분의 형상에 따라 빚으시고 독특한 성격을 불어넣으셨다. 우리는 청지기로서 각자의 기질을 밝혀낼 책임이 있다. 그래야 직업적인 스위트 스폿 안에서 온전한 삶을 살 수 있는 것이다. 사람마다 성격과 자연적인 기질이 다르다. 말이 많거나 과묵한 것도 하나님의 뜻이 있는 것이고, 독서를 좋아하거나 야외 활동을 좋아하는 성향도 하나님이 설계하신 구조의 일부다.

나는 20년간 내 성격이 성공에 도움이 되지 않는다고 생각했다. 의사표현을 잘하고 외향적이며 경쟁적인 친구들이 부러웠고 그들처럼 되고 싶었다. 그도 그럴 것이, 나는 무조건 외향적인 사람을 최고로 쳐주는 문화권에서 자랐다. 그런 사람들을 보면 나 자신이 한없이 작게 느껴졌다. 아무리 봐도 내게는 스티브 잡스 같은 카리스마가 없어 보였다.

그런 내가 기질을 있는 그대로 받아들이기까지 10년이 걸렸다. 나는 본래 조용하고 생각이 많으며 태평한 성격이다. 그런데 자라면서 부모와 주변의 기대에 끌려다녔다. 학교 생활, 어린 시절의 경험, 부모의 양육, 세상의 문화 같은 것이 나를 특정 방향으로 몰아갔던 것이다. 어느 날 멘토 한 명이 나의 성장 환경이 천성을 억누르고 있다는 사실을 지적해 주었고, 그때 비로소 내가 왜 그토록 극심한 피로와 스트레스에 시달렸는지를 알게 되었다. 오랫동안 나는 나 자신이 아닌 다른 사람이 되려고 애쓰고 있던 것이었다.

자신의 성격과 기질을 파악하는 데 도움이 되는 검사는 많다. 그중 내가 추천하고 싶은 것은 MBTI와 DISC다. 내 MBTI 유형은 ENFJ이고, DISC 유형은 SC다. 공인 전문가와 함께 심도 깊은 성격 검사를 한 것이 나를 있는 그대로 받아들이는 데 큰 도움이 되었다.

내 경우 MBTI가 특히 유익했다. 이 검사 덕분에 나는 나 자신을 그대로 받아들이게 되었고 더는 남과 비교하지도, 남을 부러워하지도 않게 되었다. 또한 성격은 지문처럼 각 사람의 독특한 특징일 뿐 올바른 성격 따위는 없다는 것을 알았다. 성격은 단지 하나님이 우리를 그리스도의 몸에서 어떤 자리에 배치하셨는지에 대한 단서일 뿐이다. "우리가 한 몸에 많은 지체를 가졌으나 모든 지체가 같은 기능을 가진 것이 아니니 이와 같이 우리 많은 사람이 그리스도 안에서 한 몸이 되어 서로 지체가 되었느니라"(롬 12:4-5).

그런데 언제부터인지 성격 검사는 사람들을 틀에 가두는 도구로 변질되었다. 성격 검사가 우리를 자유롭게 하기는커녕 더욱 옭아매게 된 것이다. 하지만 MBTI의 목적은 우리를 특정한 유형에 가두는 것이 아니라 우리가 어떤 행동을 왜 하는지에 대한 실마리를 제공하는 것이다. 전문가와 함께 검사를 하면 우리가 어떤 행동을 왜 하는지 뿐만 아니라 자란 환경이나 인생의 선택이 현재에 어떤 영향을 미쳤는지도 이해할 수 있다.

MBTI는 성격을 네 쌍의 범주로 나누어 각 범주에서 양극단 중 어느 쪽으로 어느 정도 치우쳐 있는지를 측정한다. 모든 사람이 양손을 다 사용하는 것처럼 모두 쌍을 이룬 두 가지 모습을 다 갖고 있다. 하지만 오른손이 더 편한 사람이 있는 것처럼 성격도 원래 그렇게 설계되어 더 치우치는 쪽이 있다. MBTI는 이런 선호도를 조합하여 16가지 성격 유형을 제시한다. 간략한 범주는 다음과 같다.

첫 번째, 외향성과 내향성이다. 자신이 둘 중 어디에 가까운지를 판단하려면 이 질문이 핵심이다. "주로 혼자서 재충전하는가, 아니면 남들과 어울리면서 재충전하는가?" 그렇다고 해서 내향적인 사람이 사람들과 잘 어울릴 수 없다는 뜻은 아니다. 이것은 단지 재충전을 어떻게 하느냐의 문제이다. 외향적인 사람들은 태양전지판과 같아서 사람들과 함께 있을 때 활기가 넘치고 관심이 집중되는 것을 즐긴다. 반면 내향적인 사람들은 배터리와 같아서 조용한 곳에서 홀로 있는 것을 즐긴다. 자신은 어느 성향에 더 가까운가?

두 번째 범주는 정보를 다루는 방식으로 감각형과 직관형이다. 감각형은 분명하고 구체적인 사실에 근거해서 판단하는 반면, 직관형은 비유적인 묘사를 좋아하고 영감과 추론에 따라 생각하고 판단한다. 감각형은 실제적인 것을 중시하는 현실주의자라서 법칙과 정확성을 추구하고 방법론적인 접근법을 취한다. 반면 직관형은 가능성을 열어두고 생각하기를 좋아한다. 그들은 타고난 혁신자들로 창의력을 발휘하며 새로운 접근법을 좋아한다.

세 번째 범주는 사고형과 감정형이다. 사고형은 논리적이며 데이터를 먼저 따진다. 비즈니스가 우선이며 언제나 목표를 설정하고 공정하면서도 단호하다. 반면 감정형은 언제나 조화를 추구한다. 일보다 사람을 우선시하고 마음의 소리에 따라 판단하며 가치에 초점을 맞춘다.

마지막 범주는 판단형과 인식형이다. 인식형은 천성이 유연하고 멀티태스킹 환경에서 진가를 발휘한다. 즉흥적인 결정에 뛰어나고 새로운 정보와 다른 선택 사항에 마음을 열어 둔다.

반면 판단형은 구조와 조직을 선호한다. 늘 계획을 세우고 삶을 통제하며 구체적인 목표를 세우려고 한다.

학교와 일터에서 남들의 기질을 알면 도움이 된다. 동료의 이상한 행동을 비웃고 욕할 수도 있지만 그의 성격이나 기질에 대한 정보를 바탕으로 이해하려고 노력할 수도 있다. 또한 상대방의 성격에 맞게 자신의 메시지를 잘 전달할 수 있다.

성격 검사는 우리를 틀에 가두고 우리 자신에게 꼬리표를 붙이기 위한 것이 아니다. 핵심은 하나님이 우리의 삶을 위해 예비하신 것을 발견하기 위해 우리 자신을 파악하는 것이다. 사람마다 자라온 환경과 인생 경험이 다르기 때문에 같은 유형이라도 다 똑같지는 않다. 그래서 이 검사를 하고 나면 각 사람이 얼마나 복잡한 존재인지를 새삼 깨닫게 된다. 또한 우리 자신이 어떻게 창조되었는지 알고, 나아가 자신과 남들에 관한 오해를 풀 수 있을 것이다.

고민과 토론을 위한 질문

1. 당신의 성격과 기질은 어떠한가?

2. 당신의 MBTI 유형은 무엇인가? 학교와 일터에서 당신의 성격은 어떻게 표출되는가?

3. 하나님이 창조하신 모습을 그대로 받아들이지 못하는 이유는 무엇인가?

3장 | 나에게는 나만의 재능이 있다

내 인생이 끝나서 하나님 앞에 설 때 -내게 단 한 줌의 재능도 남지 않아 주
님이 주신 것을 전부 사용했다고 자신 있게 말하고 싶다.

_ 에르마 봄벡Erma Bombeck

초등학교에서 중학교와 고등학교를 지나 대학에 이를
때까지 줄곧 나는 내 재능을 의심했다. 도무지 나는 재능이 없
어 보였다. 과연 사람 구실이나 하며 살 수 있을지 걱정했다. 주
변의 똑똑한 친구들을 보면 내가 한없이 초라하게 느껴졌다. 고
등학교에 입학하기 전까지 내 인생의 절반 이상을 서울에서 살

았다. 내가 경험한 한국은 교육 수준이 곧 사회경제적 지위를 결정하는 곳이다. 그래서 한국의 교육열은 세계 어느 곳보다도 높다. 심지어 내가 좋은 직장에 들어가고 좋은 배우자와 결혼하는 문제가 성적과 연결되어 있었다. 상황이 이러하니 중간에 걸려서 오를 줄 모르는 내 성적을 보며 얼마나 답답했겠는가. 미래가 한없이 암울해 보였다. 극성 부모 밑에서 자라는 한국의 아이들이 그렇듯이 나도 일주일 내내 한밤중까지 과외를 받고 학원을 다니며 성적을 끌어올리기 위해 발버둥쳤다. 하지만 성적은 늘 제자리였다.

나는 점점 세상을 살아갈 자신이 없어졌다. '과연 내가 위대한 일을 할 수 있을까?' 하고 생각하면 가슴이 답답했다. 나보다 똑똑한 친구들을 보면 부러움을 넘어 시기심마저 일어났다. 내 시선은 온통 할 수 없는 것에 집중되어 있었다. 그래서 '어떻게 하면 내 약점을 감출까' 하는 생각뿐이었다. 그때는 내게 재능이 있을 거라는 생각을 못 하고 그저 내게 부족한 것만 생각했던 것 같다. 집에서는 부모님의 기대에 부응하지 못하는 불효자였고 학교에서는 공부도 못하고 놀림만 당하며 발표력도 꽝인 학생이었다. 단점이 수없이 많았다.

그러던 어느 날, 한 조사를 보고 눈앞이 환해졌다. 그것은 30

년 동안 200만 명이 넘는 전 세계 직장인들을 인터뷰한 것으로 이런 결론이 나와 있었다. "증거가 차고 넘친다. 약점이 아니라 무엇이든 타고난 재능에 맞는 일을 할 때 성공할 가능성이 높다."[1] 참으로 오랫동안 나는 잘하는 것을 찾지 못했다. 그로 인해 낮은 자존감에 시달렸고 인생은 오리무중에 빠져 있었다. 혹시 나처럼 그런 상황에 직면했는가? '아무것도 할 줄 모르는 내가 무슨 부름을 받을 수 있겠어?'라고 생각하는가? 하지만 나는 성경에서 이런 부정적인 감정을 극복하고 하나님이 주신 잠재력을 발휘할 수 있는 답을 찾았다.

재능의 진짜 의미

성경을 파고들수록 내가 엉뚱한 곳에서 자존감을 추구했다는 사실이 분명해졌다. 그리고 하나님이 나를 어떻게 보시는지를 진정으로 이해하기 시작했다. 맥스 루케이도는 《일상의 치유》에서 달란트 비유를 통해 재능(탤런트)의 진짜 의미를 설명하고 있다. 나는 그 책 덕분에 나 자신에 대한 시각을 바로잡고 하나님이 나를 얼마나 귀하게 여기시는지를 깨달을 수 있었다.

'탤런트'는 기술을 뜻하기 전에 돈을 의미했다. 그리스 통화에서 가장 높은 단위로 무려 1만 데나리온에 해당한다. 일꾼들의 비유에 따르면 한 데나리온은 일꾼의 하루 품삯이었다 (마 20:2). 그렇다면 1달란트는 각자 하루 일당에 만을 곱하면 나오는 가치다. 예를 들어 연봉 3만 달러에 1년에 260일을 근무한다면 하루에 115달러를 버는 셈이다. 이 경우 한 달란트는 115달러의 만 배, 곧 115만 달러다. 한번 생각해 보자. 3만 달러의 연봉으로 40년간 일하면 평생의 수입은 120만 달러다. 기껏해야 1달란트보다 5만 달러 더 많은 액수다. 그만큼 한 달란트는 평생의 수입과 맞먹을 정도로 큰 액수이며 바로 이것이 이 비유의 요지다. 하나님이 각 사람에게 주신 독특한 재능은 천국에서 엄청난 가치를 지니고 있다. 하나님은 우리에게 겨우 2달러짜리 재능이나 5달러짜리 기술을 맡겨 주신 것이 아니다. 자신을 100만 달러 가치의 투자 대상으로 생각해 본 적이 있는가? 아니, 우리는 수백만 달러 가치의 사업이라고 해도 과언이 아니다. 하나님은 재능을 인색하지 않게 아낌없이 넘치도록 주시는 분이다.[2]

이 사실을 찬찬히 음미하면 하나님의 사랑에 놀라지 않을 수 없다. 우리는 한낱 숫자가 아니라 수백만 달러의 가치를 지닌 사업이다. 이 사실을 가슴 깊이 새기고 살아야 한다. 우리는 그 무엇과도 대체될 수 없는 하나님의 투자 대상인 것이다. 성경을 공부할수록 우리의 재능과 강점을 발휘해서 인생의 소명과 목적을 이루는 것이 하나님의 뜻이라는 사실을 분명히 알게 된다. 우리의 재능과 강점은 하나님이 우리를 창조하신 목적의 중심에 있다. 창조주 하나님은 목적을 품고 우리를 창조하셨고 그 목적에 맞는 능력을 우리 안에 넣어두셨다. 이제 내가 할 수 있는 선택은 두 가지다. 하나님이 주신 재능과 능력을 발견하여 강력하고 효과적인 강점으로 키울 것인가, 아니면 약점만 바라보며 신세한탄을 할 것인가?

강점을 찾아 발휘하면 하나님의 흐름 속으로 들어간다. 그때부터 모든 것이 쉽고 자연스러워진다. 물론 강점도 갈고 다듬어야하지만 자신과 어울리지 않거나 원하지 않는 분야에서 애쓰는 것보다는 훨씬 덜 스트레스를 받을 것이다. 그렇게 스트레스에 시달리면 자존감도 낮아지고 진정한 소명을 찾는 길에서 점점 더 멀어진다.

재능을 활용하라

재능을 발견하는 것만으로는 부족하다. 재능에 따라 행동하는 단계까지 나아가야 한다. 우리의 재능에는 거룩한 책임이 붙어 있다. 그것은 지혜롭게 투자해서 이윤을 남겨야 할 청지기로서의 책임이다. 하나님은 재능을 주시며 우리가 잘 사용하기를 기대하신다. 그 재능은 근육과 같아서 사용할수록 자라고 사용하지 않으면 위축된다. 달란트 비유에 나와 있듯이 받은 재능을 사용하지 않으면 하나님이 그 재능을 빼앗아 요긴하게 사용할 다른 사람에게 주실 것이다. 특히 하나님은 많이 주신 자일수록 많은 것을 요구하신다. 또한 우리에게 복을 주시는 것은 남들을 위한 복의 통로가 되라는 뜻도 있다.

이 대목에서 고급 스위스 시계 제조업체 파텍 필립Patek Philippe 의 재치 넘치는 광고 문구가 떠오른다. "사실상 당신은 파텍 필립을 소유하는 것이 아니다. 다음 세대를 위해 관리하는 것일 뿐이다."[3] 마찬가지로 우리는 우리의 돈, 재능, 사역, 시간, 나아가 우리의 삶 자체도 우리의 '소유'가 아니라 '관리 대상'일 뿐이라는 사실을 명심해야 한다.

첫 직장에 들어가기 한 달 전 교회에서 영적 은사를 발견하기 위한 세미나를 했다. 장시간에 걸친 평가와 활동 끝에 나의 가장 큰 영적 은사는 다스림, 권면, 리더십, 이렇게 세 가지로 좁혀졌다. 그때 진행자는 우리의 재능에 책임이 따른다는 점을 강조했다. 베드로전서 4장 10절에도 이렇게 나온다. "각각 은사를 받은 대로 하나님의 여러 가지 은혜를 맡은 선한 청지기 같이 서로 봉사하라." 그리고 세미나는 이런 도전으로 마무리되었다. "일터, 지역사회, 학교, 개인의 삶에서 당신의 재능을 어떻게 사용하시겠습니까?"

나는 그 도전을 받아들였다. 몇 주 뒤면 직장이 있는 오리건 주 포틀랜드로 이사해야 하는 상황에서 내 영적 은사 중 하나가 리더십이라는 점을 깨닫고 인터넷에서 '포틀랜드 리더십 조직'을 검색했다. 그때 가장 많이 나온 결과 중 하나가 '포틀랜드 리더십 재단'Portland Leadership Foundation이었다. 이 재단의 사명 선언서를 보는 순간 심장이 마구 뛰었다. "우리의 사명은 오리건 주 포틀랜드의 영적, 사회적 부흥을 위해 리더를 키우는 것이다."**4**

이 재단은 기독교 신앙의 가치관에 따라 리더를 키우고 있었다. 나는 무언가에 이끌리듯 대표에게 나를 소개하는 이메일을 보냈고 얼마 뒤 답장이 와서 우리는 약속을 잡았다. 그때부터 나는 4년간 프로 보노 컨설턴트이자 리더십 코치로 재단의 이사회에 참여했다. 검색 한 번이 영적 은사를 마음껏 발휘할 수 있는 절호의 기회로 이어진 것이었다. 그러므로 영적 은사를 발견했다면 지금 살고 있는 곳에서부터 시작하여 무엇이든 재능을 발휘할 수 있는 기회를 찾아보기를 바란다.

아카데미 수상작인 〈불의 전차〉는 1924년 올림픽에 출전한 영국인 육상 선수의 실화를 그린 영화다. 에릭 리델Eric Liddel은 독실한 신자이며 세계 최고의 육상 선수 가운데 한 명이었다. 에릭의 여동생은 오빠가 세상의 인기에 눈이 멀어 중국 선교사로 섬기겠다는 약속을 잊어버리고 하나님을 섬기는 일보다 달리기를 더 중요하게 여기는 것 같아 속상했다. 그때 에릭은 반드시 중국으로 돌아가겠다고 여동생을 안심시키면서 올림픽에서 뛰는 것도 중요하다고 생각했다. 그래서 이렇게 말했다.

우리는 모두 선교사야. 어디를 가든지 사람들을 그리스도께 가까이 이끌거나 그리스도로부터 멀리 쫓아내지. 나는 하나님이 분명한 목적을 위해 나를 지으셨다고 믿어. 하나님은 나를 빠르게도 만드셨단다. 내가 달릴 때 하나님이 기뻐하시는 게 느껴져. 내가 달리기를 포기하는 것은 하나님을 무시하는 짓이야. 단순히 내 기분만 좋은 게 아니야. 이기는 것은 곧 하나님께 영광을 돌리는 거야.5

에릭은 자신이 달리기 재능을 타고났다는 사실을 알았을 뿐 아니라 그 재능을 썩히는 것이 하나님에 대한 불충이라는 사실도 잘 알고 있었다. 그래서 그는 당장 중국으로 떠나지 않고 자신의 재능을 사용하여 하나님께 영광을 돌렸다. 그리고 마침내 올림픽에서 우승했다.

하나님께 받은 재능은 무엇인가? 그 재능을 잘 사용하여 하나님께 영광을 돌리고 있는가? 자신의 소명을 발견하기 위해 가장 쉬운 출발점은 자신이 자연스럽게 잘하는 분야가 무엇인지 돌아보는 것이다. 언제 어디서 살아 있다는 기분을 느끼는가? 남의 말을 잘 들어 준다는 평을 듣는가? 전략적인 사고에 능한가? 말로 사람들의 마음을 움직이는 능력이 뛰어난가? 무엇이든 만들기를 잘하는가? 우선 잘하는 것을 써 보자. 주변에서 "어쩜 그렇게 잘해", "정말 특별한 재주가 있구나"라는 말을 듣는 것, 남들보다 잘하는 한 가지가 무엇인지 스스로 물어보기를 바란다.

하나님이 주신 재능이 무엇이지 알면 직업적 스위트 스폿에 들어갈 기회가 눈에 들어온다. 구체적인 직업을 목에 달고 태어난 사람은 아무도 없다. 파커 파머는 《삶이 내게 말을 걸어올 때》에서 이렇게 말했다. "우리는 재능이라는 권리를 갖고 이 세상에 나온다. 그 후에는 스스로 그 권리를 버리거나 남들의 압박 때문에 그 권리를 썩히는 데 인생의 절반을 허비한다."**6**

우리는 자라는 내내 환경의 영향을 받는다. 그런데 이런 외부 요인이 우리를 우리의 진정한 모습과 전혀 다르게 몰아가는 경우가 많다. 이런 요인에 어떻게 반응하느냐에 따라 타고난 권리인 재능을 발휘하거나 썩힐 수 있다. 물론 이외에도 재능을 발휘하기 힘든 이유는 한두 가지가 아니다.

재능과 강점을 검사하는 도구

자신의 재능을 확인하는 데 도움이 되는 검사는 많다. 그중 다음과 같은 검사를 추천하고 싶다.

- 톰 래스Tom Rath의 강점 찾기 Strengths Finder 2.0

  갤럽 리서치는 수많은 조합으로 이루어진 34가지 재능 '테마'를 규명했다. 온라인 검사는 약 25분이 소요되며 검사가 끝나면 '5대 테마 보고서' Top 5 Theme Report가 나온다. 이 보고서는 행동에 관한 50가지 이상의 아이디어로 구체적인 행동 계획을 짤 수 있도록 돕는다.

- 피터 와그너Peter Wagner의 《은사를 발견하라》(규장, 2002)

  성경에서 찾은 28가지 영적 은사를 알고 싶다면 이 책을 꼭 읽기 바란다. 성경 공부가 수록되어 있어서 소그룹 교재로 활용하기도 좋다.
- 리처드 볼스Richard Bolles의 《파라슈트》(한국경제신문사, 2013)
- 케빈 브렌플렉Kevin Brennfleck과 케이 마리 브렌플렉Kay Marie Brennfleck의 《소명 찾기》(IVP, 2014)
- 마크 페이Marc Fey와 돈 앤켄브래트Don Ankenbrandt, 프랭크 존슨Frank Johnson의 《210 Project》
- 에릭 리스Erik Rees의 《SHAPE》

이런 검사가 우리의 기질과 재능을 이해하는 데 큰 도움이 되지만 효과는 각 사람의 자기 인식 수준에 따라 다르다. 청년들은 아직 자신에 관해 알아가는 중이다. 게다가 대부분 창조주의 말씀보다 주변의 기대와 압박에 순응하며 자랐기 때문에 자신을 속이기 쉽다. 따라서 검사 결과를 맹신해서는 곤란하다.

약점은 어떻게 다루는가

장점을 키우라고 해서 약점을 완전히 무시하라는 것이 아니다. 하나님은 약점으로 우리를 강하게 하신다. 그래서 사도 바울은 이렇게 말했다. "내가 약한 그때에 강함이라"(고후 12:10). 성경은 우리의 장점과 약점 모두 우리 자신이 아닌 하나님을 중심으로 바라보아야 한다고 가르친다. 청지기로서 우리는 죄로 이어질 수 있는 약점을 보완해야 할 책임이 있다. 성경의 역설 중 하나는 하나님이 우리의 약점을 통해 역사하신다는 것이다. 하나님은 자격 있는 자를 부르지 않고 부르신 자에게 자격을 주신다고 하셨다. 어떠한가? 바로 우리를 두고 하는 말로 들리지 않는가?

실천 내용: 거울에 모습 비춰 보기

가까운 사람들의 눈 속에 비친 자신을 보면 장점과 재능을 객관적으로 확인할 수 있다. 로버트 퀸Robert Quinn 팀이 개발한 이 활동은 자신을 알아가는 데 큰 도움을 줄 것이다.

1. 지인들에게 피드백 구하기

   당신을 잘 아는 사람 20명에게 당신이 가장 뛰어나거나 열정적으로 보였을 때를 적어 달라고 부탁한다. 친구와 가족, 멘토 등 다양한 그룹에서 장점을 종합적으로 설명해 줄 수 있는 사람을 선정하는 것이 좋다.

2. 공통 주제 찾기

   피드백을 담은 글이 도착하면 공통적으로 나타나는 주제를 찾는다. 주제와 그 주제를 뒷받침해 주는 주요 사례를 보며 그것이 당신의 장점에 관해 무엇을 말해 주는지 정리한다.

3. 자화상 그려 보기

   정보들을 요약하고 가지치기를 해서 당신의 가장 뛰어난

모습을 간략히 정리한다. 피드백 주제를 자기 관찰 결과
와 묶어 당신에 대한 종합적인 묘사를 완성한다.

4. 장점 발휘하기

삶의 영역에서 이 장점을 어떻게 발휘할지 구체적인 시간
표와 전략을 짠다.

고민과 토론을 위한 질문

1. 당신의 영적 은사에 관해 어떤 단서를 얻었는가?

2. 하나님이 어떤 영적 은사를 주셨다고 생각하는가?

3. 재능을 발견해서 남들을 위해 사용하기 위해 앞으로 30일
동안 구체적으로 무엇을 할 것인가?

Passion

4부 하나님 앞에서 뜨겁게 살자

| # 나도 뜨거웠는데, 열정이 어디로 갔을까

모든 믿음의 거인들에게는 한 가지 공통점이 있다. 그것은 승리도 성공도
아닌 바로 열정이다. _ 필립 얀시Ph lip Yancey

로베르토는 쉬는 날에도 자신이 상담 교사로 일하는 학
교로 출근한다. 그 일은 그에게 단순한 직업이 아니라 소명이기
때문이다. 그는 사춘기 남학생들을 상담하는 일에 강한 열정을
품고 있다. 물론 가끔 슬럼프가 오지만 그는 거의 매일 아침에
눈을 뜨자마자 학교에 가고 싶어 한다. 그는 열정을 느끼는 일

을 하는 것이 소명을 이루기 위한 열쇠임을 잘 알고 있다.

자신이 무엇에 열정을 품고 있는지 아는 것은 소명을 발견하기 위한 열쇠 중 하나다. 물론 열정의 대상을 찾는 것은 쉽지 않다. 하지만 도움이 될 만한 질문이 있다. 다음 질문을 통해 자신의 열정을 찾아보길 바란다.

- 돈을 받지 않고도 할 수 있는 일은 무엇인가?
- 무엇이 당신의 가슴을 아프고 미어지게 만드는가?
- 무엇을 할 때 에너지가 솟는가?
- 무엇을 할 때 힘이 빠지는가?
- 무엇을 바꾸거나 개선하고 싶은가?
- 어떤 사람들을 돕고 싶은가?

일부 크리스천 청년들은 하나님이 하기 싫은 일로 부르실 거라고 오해한다. 하고 싶은 일이면 굳이 부르실 필요가 있느냐는 것이다. 그래서 '소명' 하면 살기 싫은 나라의 선교사로 부름받는 것을 떠올린다. 그러나 훌륭한 선교사들은 하나같이 자신이 사역하는 나라와 그곳 사람들을 좋아하고 사랑한다.

열정은 소명으로 가는 길의 이정표다. 시편 기자는 이렇게 말했다. "또 여호와를 기뻐하라 그가 네 마음의 소원을 네게 이루어 주시리로다"(시 37:4). 자신이 무엇을 바라고 무엇에 열정이 있는지 발견하기 위한 핵심 질문은 이것이다. '내가 돈을 받지 않고도 할 수 있는 일은 무엇인가?

그릇된 바람

하지만 자신이 바라는 일만 추구하면 삼천포로 빠질 수 있다. 그릇된 바람은 온갖 문제로 이어지기 때문이다. 또한 자신이 무엇을 진정으로 바라는지 알아내는 것은 쉽지 않다. 우리가 표면적으로 느끼는 바람이 악한 본성으로 왜곡되어 있는 경우도 많기 때문이다. 이런 바람은 하나님이 우리 마음속 깊이 심어 놓으신 진정한 바람과 전혀 다르다. 이것의 근본적인 원인은 죄다. 로마서 7장에서 이 점을 정확히 지적한다.

"죄가 기회를 타서 계명으로 말미암아 나를 속이고 그것으로 나를 죽였는지라…내가 행하는 것을 내가 알지 못하노니 곧 내가 원하는 것은 행하지 아니하고 도리어 미워하는 것을 행함이라…내가 한 법을 깨달았노니 곧 선을 행하기 원하는 나에게 악이 함께 있는 것이로다 내 속사람으로는 하나님의 법을 즐거워하되 내 지체 속에서 한 다른 법이 내 마음의 법과 싸워 내 지체 속에 있는 죄의 법으로 나를 사로잡는 것을 보는도다"(롬 7:11-23).

이런 이유로 "무엇이든 바라는 것을 하라"는 말은 옳지 않다. 자신이 바라는 일, 아니 바라는 것처럼 보이는 일이 세상의 문제를 다루고 공익을 추구하는 일이 아닐 수 있다. 그런 일은 우리가 진정 바라는 일이 아니다. 반대로 우리가 진정 바라는 일이 처음에는 전혀 내키지 않을 수 있다. 오히려 큰 희생과 고생이 따를 수 있다. 그리고 우리의 진정한 바람은 꼭 일이 아니라 인생의 여러 분야에서 충족될 수 있다.

자신이 무엇을 진정 바라는지 알려면 영적으로 성숙해야 한다. 따라서 무엇이든 결정하기 전에 먼저 영적으로 성숙해질 필요가 있다. 자신이 바라는 일이 세상의 문제를 다루는 일이라면 진정한 열정을 발견했다고 말할 수 있다. 프레드릭 뷰크너 Frederick Buechner는 이 점을 정확히 짚어냈다. "하나님이 당신을 부르시는 곳은 당신의 깊은 기쁨과 세상의 깊은 굶주림이 만나는 곳이다."1

우리가 먼저 하나님의 의를 구하고 순종하는 삶을 살면 하나님이 마음 깊은 곳에 심어 주신 진정한 바람을 밝혀 주신다. 무언가를 오랫동안 바라고 있다면 그 바람은 소명을 가리킬 가능성이 높다. 그런 바람은 순간적인 충동이 아니라 영혼 깊은 곳에 스며든 열정이다. 하나님이 소명을 이루기 위한 수단으로 우리 안에 불어넣으신 바람이면 날이 갈수록 더욱 커질 것이다.

열정 + 세상의 문제 = 거룩한 불만족

우리의 열정은 우리의 모든 바람을 채워 주시는 창조주, 단 한 분의 관객에게 돌아가라는 신호다. 무엇이 나를 노래하게 하는가? 혹은 무엇이 나를 슬프게 하는가? 세상의 어떤 문제가 자꾸 신경쓰이는가? 빌 하이벨스는 이것을 '거룩한 불만족'이라고 했다. 이것은 망가진 세상 때문에 답답한 마음, 세상을 바꾸기 위한 긍정적인 행동을 촉발하는 하나님을 닮은 마음이다.[2]

나는 하나님을 위해 우리의 마음이 무너지지 않고서는 그 어떤 위대한 일도 이룰 수 없다고 믿는다. 성경 속 많은 사람들이 거룩한 불만족을 품고 있었다. 모세는 하나님의 백성이 불행하게 사는 모습에서 거룩한 불만족을 느꼈다. 다윗은 하나님과 그분의 백성을 욕하는 골리앗의 모습에서 거룩한 불만족을 느꼈다. 느헤미야는 하나님을 조롱하는 사람들에게 거룩한 불만족을 느꼈다.

마틴 루터 킹은 1950-1960년대를 암울하게 만든 인종 차별을 참을 수 없었다. 흑인들이 맞는 모습, 흑인들이 버스 뒷자리에만 앉아야 하는 현실을 참을 수 없었다. 결국 거룩한 분노가 폭발하여 인종 평등을 이루는 날까지 몸을 바치기로 결심했다. 그는 거룩한 분노로 인해 목숨을 잃을 수도 있다는 사실을 잘 알고 있었다. 그리고 실제로 1968년 4월 어느 날 호텔 밖에서 날아온 총탄에 맞아 죽었다. 그렇게 그는 세상을 떠났지만 그의 유산은 지금까지 그대로 남아 있다.

마더 테레사는 집 없고 병들고 가난한 자들의 고통을 견딜 수 없었다. 매일 그들의 고통을 목격하다가 더는 견딜 수 없는 지경에 이르자 마침내 그녀는 거룩한 불만족을 해결하기 위해 행동으로 나섰다. 그녀는 자신의 밑에서 수학했던 학생들과 함께 병원에서 외면당해 거리에서 죽어가는 사람들을 구했다. 빌 하이벨스는 그녀의 사역에 관해 이렇게 덧붙였다. "마더 테레사는 매달 들어오는 봉급 때문에 이 일에 헌신한 것이 아니다. 그녀가 주변의 약한 자들을 섬긴 것은 불만족이 목구멍까지 차올라서 더는 견딜 수 없기 때문이었다."**3**

거룩한 불만족이 무엇인지 도무지 모르겠는가? 괜찮다. 조급해할 필요는 전혀 없다. 기도하면서 천천히 알아내도 된다. 다만 어떤 문제와의 싸움에 뛰어들어야 할지 지혜와 분별력을 달라고 기도해야 한다. 그 결과 나는 세 가지 영역에서 거룩한 불만족을 발견했다.

- 하나님이 주신 소명을 모른 채 방향성 없이 살아가는 2030 청년
- 일꾼을 비인간화하고 그들의 성장과 배움을 방해하는 직장 문화
- 사람들이 강점을 발휘하여 각자의 소명을 이루도록 격려하고 돕지 않는 리더

지금 내가 품고 있는 거룩한 불만족은 무엇인가? 자신의 거룩한 불만족을 알면 삶의 방향과 우선순위가 분명해진다. 거룩한 불만족은 열정과 목적을 일으킨다. 또한 우리가 단순히 먹고 살고 이름을 날리기 위해 세상에 존재하는 것이 아니라는 사실을 깨닫게 해준다. 하지만 여기에도 분별력이 필요하다. 예를 들

어 자선 활동을 한다고 해서 그 영역에 거룩한 불만족을 느끼고 있다고 단정할 수는 없다. 자선 활동 자체는 고귀하지만 그것을 왜 하는지에 대한 고민과 결론이 없다면 공허한 행동일 뿐이다.

이 세상의 어떤 영역에서 마음이 아픈지 잘 살펴서 어떤 조직에서 활동할지 신중하게 선택하기를 바란다. 언제 온몸의 엔진이 풀가동하는 기분을 느끼는가? 자신이 무엇에 의욕을 느끼는지 확인하는 것은 자신의 열정과 거룩한 불만족을 찾아내는 데 도움이 될 수 있다. 하나의 '옳은' 답에 정착하지 말고 계속해서 고민하며 생각나는 대로 정리해 보기를 권한다. 얼마 동안 헤매도 괜찮다. 자신이 진정 살아 있는 기분을 느끼는 것은 무엇인지, 언제 가장 큰 의욕과 만족을 느끼는지 잘 살펴보기를 바란다.

실천 내용: 빈칸 채우기

다음 문장을 완성해 보자. 답을 써야 한다는 강박관념을 버리고 최대한 있는 그대로 쓰는 것이 좋다.

1. 어릴 적 나는 _____을 꿈꾸었다.

2. _____에 관한 책이나 영화는 꼭 봐야한다.

3. 일주일간 휴가를 받으면 그 시간을 _____에 사용할 것이다.

4. 내가 정말로 즐기는 것은 _____이다.

5. 친구들이 _____어 대해 도움이 필요할 때면 꼭 나를 찾는다.

6. 내가 남들에게 자신 있게 알려줄 수 있을 만큼 잘하는 것은 _____이다.

7. 내가 남들을 위해 잘 만들 수 있는 것은
   _____이다.

8. 별로 해보지 않았지만 정말 좋았던 것은
   _____이다.

9. 내가 황홀경에 가까운 기분을 느낄 때는
   _____을 할 때다.

이 아홉 가지 중 무엇에 가장 끌리는가? 당신과 가까운 친구들에게 물으면서 우선순위를 정하고 가장 열정을 느끼는 다섯 가지를 찾아보자.[4]

고민과 토론을 위한 질문

1. 지금까지 간절히 바라고 열정을 품어 온 것은 무엇인가?

2. 세상의 어떤 문제를 다루는 데 열정을 느끼는가? 당신의 능력으로 어떤 단체를 섬길 수 있는가?

3. 당신의 거룩한 불만족은 무엇인가?

| 지난날들 속에 미래가 숨어 있다

하나님이 당신에게 삶으로 살아내라고 주신 이야기를 진지하게 받아들이라. 이제 당신 자신의 인생 이야기를 읽어야 할 때다. 왜냐하면 그 이야기는 우리 모두를 타오르게 만들 수 있으니. _ 댄 B. 알렌더Dan B. Allender

기독교 변증가 라비 재커라이어스Ravi Zacharias는 이런 질문을 던졌다. '내 삶은 무작위적이고 무의미하게 꼬인 실타래일 뿐인가, 아니면 놀라운 관심과 생각, 의도로 정교하게 짜인 디자인인가?' 혹시 도공이 도자기를 빚는 모습을 본 적이 있는가? 도공은 진흙 덩어리를 정성스럽게 주물러 아름다운 그릇을 만들어간다. 모양을 완성하기까지는 많은 인내와 노력이 필요하다. 쓸모없어 보이는 흙덩이가 분명한 목적을 가진 무언가로 변하는 모습은 정말 신기하다. 우리가 삶을 하나님의 역사에 맡길 때 바로 이런 일이 일어난다. 하나님이 우리를 그분을 위해 위대한 일을 할 수 있는 사람으로 빚으시는 것이다.

라비 재커라이어스는 《*The Grand Weaver*》(위대한 직공)이라는 책에서 하나님이 다양한 시기에 여러 가지 방식으로 우리의 삶에 개입하고 말씀하신다고 전한다.[1] 하나님은 기막힌 솜씨로 우리 삶을 실처럼 한 가닥씩 엮어서 놀라운 작품을 만들어내신다. 그런 의미에서 지나온 인생을 천천히 돌아보면 소명을 발견할 수 있다. 하나님이 우리를 어떻게 빚으셨는가? 지금의 우리가 있기까지 어떤 사건과 사람들이 있었는가?

재커라이어스는 인도의 모든 신부가 결혼식에서 입고 싶어 하는 화려한 사리로 유명한 인도 북부의 도시 바라나시Varanasi에 갔던 이야기를 전해 준다. 그곳에서 공장을 방문한 그는 눈부시게 아름다운 사리를 직조하는 과정을 보고 우리의 삶 속에서 역사하시는 하나님을 떠올렸다.

오래전 세계 최고의 사리로 유명한 곳을 방문했다. 금은실로 짠 형형색색의 화려한 사리. 나는 눈이 휘둥그레질 만큼 정교한 기계로 사리를 직조하는 광경을 예상했다. 하지만 아니었다. 모든 사리는 아버지와 아들이 한 팀을 이루어 한 벌씩 제작하는 것이었다. 작업대에서 아들 위에 앉은 아버지는 주변에 가득한 실 꾸러미를 손가락 사이에 끼었다. 그리고 아들은 아버지가 고개를 끄덕일 때마다 손을 한쪽에서 다른 쪽으로, 다시 반대로 움직였다. 이 과정을 오랫동안 반복해야 화려한 패턴이 나타났다. 아들의 일은 쉬웠다. 아버지가 고개를 끄덕일 때 손만 놀리면 끝이었다. 반면 아버지는 처음부터 끝까지 머릿속에 디자인을 그리며 그에 맞는 실을 엮었다. 나의 삶과 남들의 삶을 살펴볼수록 하나님이 각 사람을 위해 예비하신 놀라운 디자인이 눈에 들어온다. 이렇게 작은 사건들 속에서 우리의 삶을 직조해 오신 하나님의 손길을 엿볼 수 있다.[6]

지난 실패를 가리키며 하나님께 분통을 터뜨리고 있는가? 사랑이 많은 하나님이 어떻게 나를 고통 속으로 몰아넣으실 수 있는지 의아한가? 나도 무의식적으로 지난 세월에 관해 물음을 던졌다. '왜 나는 한국과 캐나다, 미국을 오가며 제3문화의 아이로 자랐을까? 왜 어린 시절 내내 이리저리 떠돌아다니며 새로운 문화와 언어를 익히느라 고생했을까? 왜 독실한 기독교 집안에서 태어나 자랐을까? 왜 부모님은 공부를 못하는 나를 끝까지 포기하지 않으셨을까? 왜 대기업에서 4년 동안 실망과 환멸에 시달렸을까?'

우리는 하나님의 섭리 아래서 소명을 향하며 그 길을 비추는 가로등 역할을 하는 여러 가지 경험을 한다. 우리는 예수님의 제자로서 하나님이 만사를 온전히 다스리는 줄 믿어야 한다. 지난 세월을 하나씩 짚어 보던 중에 하나님이 글로벌 소명을 위해 나를 준비시키셨을지도 모른다는 생각이 들었다. 세계 여러 곳을 경험한 덕분에 나는 다문화적인 능력을 키웠고 사람들과 세상을 향한 강렬한 호기심을 가질 수 있었다.

척 콜슨Chuck Colson은 고난을 통해 소명을 발견했다. 그는 워터게이트 스캔들로 감옥에 갔지만 그 후 세계 최대의 교도소 사역 기관인 교도소 선교회Prison Fellowship를 설립했다. 그는 이렇게 말했다.

인생의 가장 큰 역설은 수감 생활을 하면서 살아 계신 하나님의 능력으로 변화된 이들의 얼굴을 볼 때마다 드러난다.

하나님은 이전에 내가 누렸던 성공, 성취, 학위, 상, 명예 등
을 통해 일하지 않으신다. 하나님이 내 인생에서 사용하시
는 것은 이런 것이 아니다. 그분이 많은 사람들의 삶을 변화
시키기 위해 내 인생에서 사용하시는 것은 바로 내가 감옥
에 갔다 온 전과자라는 사실이다. 그것은 바로 내 인생의 유
일한, 엄청난 실패다.[3]

소명을 발견하기 위한 열쇠 중 하나는 자신이 지나온 인생을
아는 것이다. 과거는 미래를 알려 주는 가장 좋은 신호 중 하나
다. 우리의 삶에 나타나는 사건은 다 이유가 있다. 그래서 인생
을 파헤쳐보는 것은 소명을 찾는 데 도움이 된다. 당장은 이해할
수 없어도 나중에 분명히 이해하게 될 것이다. 그때는 자신의 삶
속에 가득한 하나님의 지문을 부인할 수 없는 것이다.

열린 문과 닫힌 문

하나님이 삶 속에서 어떤 문을 열고 어떤 문을 닫으셨는지 늘
살펴야 한다. 보잉사에서 일할 당시 직업적인 스위트 스폿 안에
있을 수 있는 다른 회사에서 일하게 해달라고 기도했다. 나름대

로 이력서를 꽉 채워서 4년 동안 여러 회사에 지원했지만 번번이 낙방했고 수많은 시도가 실패로 돌아가자 힘이 빠졌다. 그런데 어느 날 문득 내가 하나님의 시각으로 상황을 보고 있지 않다는 생각이 들었다. 기도하라는 하나님의 촉구하심을 느꼈고 바로 그분 앞에 무릎을 꿇었다. 그러면서 계속 지원서를 냈지만 역시나 고배를 마셨다. 분명 하나님이 기회의 문을 닫고 계신 것 같았다.

2015년 1월, 나는 피할 수 없는 길을 피하지 말라는 더 강한 촉구하심을 느꼈고 독수리가 되어 하늘로 날아오르는 비전을 받았다. 그전까지 나는 창조주가 날아오라고 끊임없이 명령하시는데도 계속 거부하고 있었다. 하지만 그해 3월에 내 힘으로만 근근이 이어오던 삶을 끝냈다. 오랫동안 하나님이 내 간구에 응답해 주시지 않은 줄 알고 다른 직업을 찾았는데 하나님이 이미 응답해 주셨다는 사실을 깨달았다. 응답은 바로 참을성을 발휘하라는 것이었다. 하나님은 내가 참고 기다리기를 원하셨다. 내가 믿음의 도약을 하고 용기를 내어 모든 것을 하나님께 맡기기로 결단하자 하나님은 상상을 초월하는 것을 주셨다. 꿈의 직장이 마침내 눈앞에 나타난 것이다.

기회나 열린 문을 하나님 앞에 내려놓고 그분의 말씀이나 신실한 동역자들의 조언을 통해 그분의 승인을 구해야 한다. 우리는 무작위로 하나의 문을 고르는 것이 아니라 하나님이 원하시는 하나의 문을 선택해서 그 문으로 들어가야 한다. 하나님이 원하시는 문이면 마음에 평안이 찾아올 것이다.

실패를 구속하라

실패는 피할 수 없다. 중요한 것은 실패가 아니라 그 실패에 어떻게 반응하느냐다. 실패해서 주저앉을 수도 있고 오뚝이처럼 다시 일어설 수도 있다. 그 차이는 실패를 바라보는 시각에서 나타난다. 예를 들어 실패를 영구적인 것으로 보는지, 일시적인 것으로 보는지에 따라 다르다. "나는 항상~", "나는 절대~"라는 표현은 한 번 실패를 영원한 실패르 본다는 증거다. 하지만 "이번에는 잘하지 못했군"이란 말은 실패를 일시적인 후퇴로 보는 것이다. 신앙생활을 통해 생각이 성숙해지면 정체성을 흔들 만큼 심각한 실패와 난관, 장애물, 인간관계의 갈등도 위협이 아닌 선물로 볼 수 있게 된다. 하나님은 고난을 통해 우리를 그분 가까이 이끄시고 그분과 우리의 관계를 굳게 하시며 우리를 가르치고 위로하고 사랑해 주신다.

소명 진술서를 쓰라

자신의 성격을 제대로 모르면 늘 거짓 가면을 쓰고 살아갈 수밖에 없다. 재능이 없으면 열정이 넘쳐도 결과를 얻을 수 없고, 열정이 없으면 행동까지 나아갈 수 없다. 또 경험이 없으면 하나님의 이야기 밖에서 헤매게 된다. 이 모든 것을 갖춰야 하나님이 예비하신 스위트 스폿 안에서 살아갈 수 있는 것이다.

이런 영역에 관해 분명히 알았다면 이제 소명 진술서를 써야 할 때다. 소명 진술서는 하루아침에 쓸 수 없다. 깊은 자기 성찰과 신중함, 철저한 분석이 필요하고 몇 번씩 고쳐야 할 수도 있다. 살아 숨쉬는 글을 쓰는 것이다. 자신의 소명을 온전히 담아내려면 최소한 몇 주, 심지어 몇 달이 걸릴 수도 있다. 아니, 소명 진술서를 다듬는 일은 평생 지속되어야 한다.

내 소명 진술서는 이렇다.

"크리스천 리더들이 하나님이 주신 소명을 발견하고 최고의 리더로 우뚝 서도록 돕는다."

실천 내용: 시계 뒤로 감기

우리의 인생은 하나의 이야기다. 천천히 과거를 돌아보면 그 인생이 어떤 이야기인지를 발견할 수 있다. 인생의 중요한 순간을 바탕으로 공통 주제와 패턴을 찾아보자.

1. 지금 당신의 모습이 되기까지 중요했던 경험을 모두 적어 보자(8-10개). 어떤 승리와 성취를 이루었는가? 시련과 실패의 시기는 언제인가? 초등학교, 중학교, 고등학교, 대학교, 대학 졸업 후까지의 중요한 사건을 돌아보자.

2. 나열한 경험에 숫자를 붙이고, 종이 중앙에 가로로 선을 긋는다. 경험이 긍정적이냐 부정적이냐에 따라 해당 숫자를 중앙선 위나 아래에 나누어 적어 보자.

3. 경험들을 적으며 사용한 동사를 눈여겨보자. 이 동사는 당신의 이야기에서 나타난 주된 주제나 패턴을 발견하는 힌트가 될 수 있다. 경험을 비추어 볼 때 당신의 기질과 성향은 어떤 것 같은가? 부정적인 경험에서 무엇을 배웠는가?

4. 당신의 이야기를 친구, 가족 등 아주 가까운 사람들에게 자세히 나누고, 그들이 당신의 성장에 어떤 역할을 했는지 물어보자. 어떤 패턴이 자주 나타나는가?

이 활동은 아픈 기억을 끄집어내야 할 수도 있으므로 용기가 필요하다. 하지만 기도와 지인들의 격려를 통해 하나님이 써 오신 당신의 이야기를 깨닫기 바란다.

고민과 토론을 위한 질문

1. 어릴 적 경험이 당신의 삶에 어떤 영향을 미쳤는가?

2. 당신의 삶 속에서 열린 문과 닫힌 문은 무엇인가?

3. 당신의 소명 진술서를 써 보라.

3장 | 인생의 마지막은 지금부터 준비해야 한다

묘비가 아닌 마음에 이름을 새기라 유산은 남들의 마음과 그들이 당신에 관해 전하는 이야기 속에 각인된다 _ 섀넌 L. 알더Shannon L. Alder

우리 할머니는 '친절한 아줌마'라는 애칭으로 통했다. 할머니는 평생 부지런히 남들을 섬기며 사셨다. 잘 곳이 없는 사람을 집 안에 들이는 일이 부지기수였다. 늘 이웃을 위해 기도하고 각 사람에게 딱 맞는 선물을 준비하셨다. 그런 할머니가 여든을 넘긴 직후 갑자기 세상을 떠나셨다. 할머니의 목표 중 하나는 섬김이었고 할머니는 그 목표를 누구보다 열심히 이루며 사셨다. 그리고 섬김, 돌봄, 사랑의 위대한 유산을 남기고 떠나셨다.

할머니가 돌아가신 후 나는 내 유산에 관해 질문을 던졌다. '나는 어떤 유산을 남기게 될까? 내 소명은 분명한가? 내가 매일, 매주, 매달 세우는 계획의 중심에 유산이 있는가? 유산이 내 일상적인 행동과 결정을 이끄는가? 혹시 내가 눈앞의 일에 정신이 팔려 가장 중요한 유산을 방치하고 있지는 않은가?'

유산Legacy을 생각하면 절박함이 솟아난다. 소명을 발견하는 것에서 멈추지 않고 그 소명을 이루기 위해 삶의 변화를 단행하게 된다. 우리는 스티븐 코비의 말처럼 "끝을 바라보며 시작해야" 한다. 늘 인생의 끝을 기준점으로 삼고 하루를 시작하라는 것이다. 그런 삶을 위해 우리는 모든 것을 끝의 관점으로 해석하고 어떤 사람이 되는 것이 하나님의 뜻인지를 머릿속으로 그려야 한다. 언제나 유산을 바라보면 직업적인 스위트 스폿을 찾을 뿐 아니라 1년 내내 그 스위트 스폿 안에서 살게 된다. 다른 사람들이나 환경에 끌려다니지 말고 향후 10년, 30년, 50년간 자신의 스위스 스폿이 어떤 모습일지 깊이 고민하며 우리의 마음을 하나님의 뜻에 두기를 바란다.

유산에 초점을 맞추는 습관을 기르면 하루하루 최선을 다하는 태도와 장기적인 시각 사이에서 적절한 균형을 유지할 수 있다. 스위트 스폿 안에서 살려면 한 손에는 나침반을 들고 다른 손에는 시계를 들어야 한다. 자신의 직업적인 스위트 스폿이 어떤 요소로 이루어져 있는지를 알면 여러 활동과 책임을 충실히 감당하면서 비전과 후대에 남기고 싶은 유산을 잊지 않을 수 있다. 아마 이것이 사도 바울이 갈라디아서 6장 9절을 쓴 이유가 아닐까 싶다. "우리가 선을 행하되 낙심하지 말지니 포기하지 아니하면 때가 이르매 거두리라." 비전에서 멀어지면 점점 지치고 낙심하게 된다. 시편 기자도 이 점을 분명히 알고 있었다. "우리에게 우리 날 계수함을 가르치사 지혜로운 마음을 얻게 하소서"(시 90:12).

잘못된 부고로 새 삶을 살다

다이너마이트를 발명한 알프레드 노벨Alfred Nobel은 어느 날 아침 신문을 읽다가 자신의 부고를 발견하고 소스라치게 놀랐다. 사실 그의 형이 죽은 것인데 신문사의 착오로 잘못 실린 것이었다. 그 내용은 "죽음의 상인이 죽었다"였고 제목은 "다이너마이트 왕"(무기 제조자)이었다.

실제로 노벨은 폭약을 팔아 막대한 부를 쌓아올렸다. 하지만 그는 세상이 자신을 그런 식으로 보고 있다는 사실에 큰 충격을 받았다. 자신이 죽은 뒤에 그런 사람으로 기억된다는 것은 상상하기도 싫었다. 결국 신문사의 착오는 노벨 재단의 설립으로 이어졌다. 덕분에 오늘날 우리는 노벨을 죽음의 상인이 아니라 노벨상 제정자요 위대한 인도주의자로 기억하고 있다. 잘못된 부고는 그의 삶을 뿌리째 흔들어 그의 유산을 근본적으로 바꿔 놓은 것이다.[1]

실천 내용: 자신의 부고 써 보기

자신의 부고를 써 보는 것은 끝을 생각하는 삶을 살 수 있는 좋은 출발점이 된다. 이것은 삶에 관한 근본적인 질문을 던지게 만들고 하나님이 주신 소명이 있는 방향을 가리켜 준다.

1. 지금까지 당신이 살아온 삶을 반영해서 부고를 써 보 자. 스스로 다음과 같은 질문을 던져 보면 좋겠다.

   • 오늘 죽는다면 만족스러운 미소를 지으며 눈감겠는가?
   • 내 인생이 향하고 있는 방향이 만족스러운가?
   • 이 방향이 하나님이 의도하신 것이라고 생각하는가?
   • 이대로 계속 살아서 남기게 될 유산이 마음에 드는가?
   • 내 삶에서 무엇이 빠져 있는가?
   • 더 좋은 부고를 원한다면 무엇을 해야 하는가?

2. 이번에는 당신이 원하는 이상적인 부고를 써 보자. 다시 말해 당신이 소명을 찾고 추구하며 창조된 목적을 충분히 이루었다고 가정하고 써 보는 것이다.

자신의 최종 목적을 이해하지 못하면 낙심하고 방황하기가 쉽다. 인생의 진정한 목적을 망각하면 불나방처럼 세상이 말하는 성공을 향해 맹목적으로 달려가게 된다. 즉, 돈이나 권력 또는 명예를 좇게 되는 것이다. 하지만 언제나 원하는 끝을 생각하며 살면 그 끝에 어울리는 옳은 결정을 내릴 수 있다.

고민과 토론을 위한 질문

1. 20-30년 뒤 당신의 모습은 어떠할 것 같은가?

2. 당신은 어떤 사람으로 기억될 것 같은가?

3. 늘 유산을 생각하지 못하는 이유는 무엇인가?

5부 그래 지금부터야, 우린 청년이잖아

1장 | 나의 영원한 선임은 하나님이시다

무슨 일을 하든지 마음을 다하여 주께 하듯 하고 사람에게 하듯 하지 말라(골 3:23).

나는 만화 "딜버트"Dilbert의 팬이다. 많은 신문에 실리는 '딜버트'는 일에 대한 현대인들의 관념을 대변한다. 전형적인 회사원인 그에게 일은 무의미하고 불만족스러운 고역이다. 엔지니어 부서에서 딜버트와 같이 일하는 동료들은 하나같이 짜증나는 인간이다. 그런 인간들과 나란히 칸막이 세상에 종일 간혀 있으려니 죽을 맛이다. 그의 동료 월리는 내가 일터에서 만난 많은 동료와 꼭 닮았다. 그들은 최대한 적게 일하면서 해고당하지 않는 것을 목적으로 삼고 살아간다.

나도 딜버트처럼 일터에서의 삶을 지루하고 무의미하게 느꼈다. '분명히 하나님이 내 인생을 위해 더 좋은 것을 준비하셨을 거야'라는 생각으로 겨우 버텼다. 자신을 조직이라는 커다란 기계의 작은 톱니바퀴 하나로 느낀 적이 있는가? 주일 예배가 회사에서 하는 일과 별로 혹은 전혀 상관이 없다고 생각하는가? 안타깝게도 오늘날 그런 생각을 하는 사람은 상당히 많다. 몸은 직장에 있지만 마음은 다른 곳에 가 있는 것이다.

크리스천 청년들이 예배를 주일에 교회에 앉아 찬송가를 부르고 목사의 설교를 듣는 것으로만 여기는 경향이 있다. 우리는 주일마다 교회 출석부에 도장을 찍는 것으로 만족한다. 그리고 월요일이 되면 우리는 크리스천에서 회사원으로 바뀐다. 그렇게 많은 사람이 통합된 삶이 아닌 구획이 나뉜 삶을 산다. 점점 선데이 크리스천이 되어가는 것이다.

2013년 갤럽 조사 결과에 따르면 사람들 중 겨우 13%만이 자신의 일을 좋아한다고 한다. 열에 아홉 명이 자신의 일을 싫어하거나 혐오하고 있는 것이다.[1] 단순 작업을 무한 반복해서 지루하기 짝이 없는가? 게다가 주말과 휴가도 없어서 견디기 힘든가? 하지만 동시에 실직은 생각만 해도 끔찍한가? 많은 사람에게 직장은 안정감과 정체성의 근원이다.

한편 야심찬 청년들은 직업을 성공으로 가는 길로 여긴다. 그들은 조직의 사다리를 빨리 오르기 위해 수단과 방법을 가리지 않고 인맥 쌓기와 완벽한 이력서 만들기에 온 힘을 쏟는다. 그들에게 야근과 주말 근무는 오히려 자랑거리다.

그렇다면 우리는 왜 일을 하는 것일까? 먹고살기 위해서 일할까, 아니면 일하기 위해서 살까? 일은 인류에게 내린 저주요 필요악일까, 아니면 하나님이 주신 많은 복 중 하나일까? 과연 일터가 중요한 선교 현장 중 하나가 될 수 있을까?

일에 대한 성경적인 시각

일이 왜 중요한지를 알기 위해서는 일의 역사를 이해해야 한다. 일은 하나님으로부터 시작되었다. 성경의 첫 문장이 이 사실을 알려 준다. "태초에 하나님이 천지를 창조하시니라"(창 1:1). 이 구절은 하나님을 최초의 일꾼으로 소개하고 있다. 하나님은 일하시는 하나님이다. 또한 '일'을 뜻하는 히브리어는 구약에

167번이나 등장한다. 하나님이 하신 일의 절정은 바로 인류의
창조였다.

> "하나님이 이르시되 우리의 형상을 따라 우리의 모양대로
> 우리가 사람을 만들고 그들로 바다의 물고기와 하늘의 새와
> 가축과 온 땅과 땅에 기는 모든 것을 다스리게 하자 하시고
> 하나님이 자기 형상 곧 하나님의 형상대로 사람을 창조하시
> 되 남자와 여자를 창조하시고 하나님이 그들에게 복을 주시
> 며 하나님이 그들에게 이르시되 생육하고 번성하여 땅에 충
> 만하라, 땅을 정복하라, 바다의 물고기와 하늘의 새와 땅에
> 움직이는 모든 생물을 다스리라 하시니라"(창 1:26-28).

여기서 하나님이 인류에게 주신 첫 번째 직업을 확인할 수 있
다. 우리는 하나님의 형상을 품은 자들이다. 일하는 것이 하나
님의 본성 중에 있으므로 우리도 그렇게 창조된 것이다. 따라서
우리는 창조주를 비추는 거울이 되어야 한다. 사실 우리는 하나
님과 함께 일하는 동료이자 조력자로 부름을 받았다. 우리는 각
자의 일을 통해 하나님의 영광과 솜씨, 창의성을 증명해 보여야
하는 것이다.

따라서 일의 가치를 부인하는 것은 하나님의 인류 창조 자체를 부인하는 것이다. 성경 곳곳에 지혜로운 자들의 근면을 칭찬하고 어리석은 자들의 게으름을 지적하는 구절이 나온다. 일은 단순히 먹고살기 위한 수단이 아니요 성공으로 가는 지름길도 아니다. 일은 하나님이 그분께 영광을 돌리라고 주신 선물이다. 우리의 일, 소명은 우리 스스로 선택하는 것이 아니라 하나님이 이미 선택해서 불러 주신 것이다. 처음부터 하나님은 인류를 피조 세계를 완성하는 일의 조력자로 창조하셨다.

일에 해당하는 히브리어는 '아보다'avodah로 '경작하다'라는 뜻이다. 그런데 구약에서 '아보다'는 단순히 일뿐 아니라 예배를 의미한다. 예를 들어 "오직 나와 내 집은 여호와를 섬기겠노라"(수 24:15)는 여호수아의 말에도 바로 이 '아보다'가 사용되었다. 이는 여호와를 위해 일하는 동시에 그분을 예배하겠다는 뜻이다. 밭에서 일한다는 말과 아브라함과 이삭과 야곱의 하나님을 예배하는 말이 똑같다니 놀랍지 않은가.

오스 힐먼은 복음서를 연구한 결과 흥미로운 사실 하나를 발견했다. "신약에서 예수님은 132번 대중 앞에 나타나셨는데 그중 122번이 일터였다. 그리고 예수님의 52개 비유 중 45개가 일터를 배경으로 한다."[2] 예수님은 성과 속을 나누지 않으셨다.

왜냐하면 유대인의 사고 속에는 그런 구분이 존재하지 않았기 때문이다. 유대인은 일터에서 하는 일이나 회당에서 하는 일 모두 하나님의 영광을 위해서 한다는 점을 정확하게 이해하고 있었다. 바로 이것이 유대인 노동자들이 일의 질을 그토록 중요하게 여긴 이유다. 그들에게 일은 자신을 위한 생계수단이 아니라 하나님을 향한 예배였다. 일은 육체적 혹은 정신적 활동인 동시에 하나님과 연결되는 통로다. 그래서 레스토랑에서 서빙할 때도 길거리 무료 급식소에서 봉사할 때만큼 하나님과 깊이 연결될 수 있는 것이다.

그런데 왜 일을 잘못 생각하는 직장인이 그토록 많은 것일까? 일은 왜 힘든 것일까? 왜 그렇게 하기 싫을까? 왜 그렇게 많은 사람이 일터에서 무의미하고 지루해할까?

일의 타락

일은 저주가 아니다. 예나 지금이나 하나님의 선한 피조물의 일부다. 문제는 하나님의 저주로 인해 일이 힘들어지고 일한 만큼 결과를 얻기가 힘들어진 것이다. 어떤 사람들은 일을 타락의 부산물이라고 말한다. 하지만 그렇지 않다. 단지 본질이 왜곡되었을 뿐 일은 엄연히 선물이다. 아담과 하와가 에덴동산에서 불순종을 범한 뒤에 하나님은 그 반역에 대해 이렇게 처분을 내리셨다.

"아담에게 이르시되 네가 네 아내의 말을 듣고 내가 네게 먹지 말라 한 나무의 열매를 먹었은즉 땅은 너로 말미암아 저주를 받고 너는 네 평생에 수고하여야 그 소산을 먹으리라 땅이 네게 가시덤불과 엉겅퀴를 낼 것이라 네가 먹을 것은 밭의 채소인즉 네가 흙으로 돌아갈 때까지 얼굴에 땀을 흘려야 먹을 것을 먹으리니 네가 그것에서 취함을 입었음이라 너는 흙이니 흙으로 돌아갈 것기니라 하시니라"(창 3:17-19).

일이 허리가 끊어질 정도로 힘든 고역으로 전락했다. 그래서 우리는 일을 하면서 땀을 흘리고 일터에서 크고 작은 갈등을 겪고 무한경쟁을 벌이며 삶을 파괴하는 행위를 하기도 하는 것이다. 일은 우리에게 환멸과 실망도 안겨 준다. 기대했던 것만큼 유익과 만족을 얻지 못하는 경우도 허다하다. 먹고살기 위해 억지로 일하는 사람이 얼마나 많은가? 전도서의 기자는 타락한 이 세상의 환멸을 누구보다 정확히 이해했다.

"이러므로 내가 사는 것을 미워하였노니 이는 해 아래에서 하는 일이 내게 괴로움이요 모두 다 헛되어 바람을 잡으려는 것이기 때문이로다 내가 해 아래에서 내가 한 모든 수고를 미워하였노니 이는 내 뒤를 이을 이에게 남겨 주게 됨이라…사람이 해 아래에서 행하는 모든 수고와 마음에 애쓰는 것이 무슨 소득이 있으랴 일평생에 근심하며 수고하는 것이 슬픔뿐이라 그의 마음이 밤에도 쉬지 못하나니 이것도 헛되도다"(전 2:17-18, 22-23).

전도서 기자는 타락한 이 세상에서의 일이 이중적이라는 사실을 상기시킨다. 그래서 일을 저주로 느끼기도 하고 선물로 느끼기도 하는 것이다. 일은 때로는 기쁨을, 때로는 좌절감을 안겨 준다. 또한 일은 우리가 영광스러운 피조물이라는 증거이기도 하고 반대로 우리가 하나님과 얼마나 멀어져 있는지를 깨닫게 해주는 거울이기도 하다.

일의 남용: 일중독

현대 사회의 평균 근무 시간은 점점 늘어나고 있다. 근무 시간도 모자라 심지어 퇴근 후나 주말에도 이메일이나 전화로 업무를 하는 사람이 꽤 많다. 불행하게도 그로 인해 가족과 개인의 삶은 피폐해진다. 물론 이렇게 개인이 희생하면 국가 전체의 생산성이 높아지고 기업의 이윤이 증가하여 개인의 봉급도 증가하는 결과로 이어질 수 있다. 하지만 그로 인한 부작용은 심각하고 안타깝게도 과소평가되고 있다.

나는 출세제일주의에 빠진 청년들을 많이 봤다. 투자은행업과 컨설팅은 밀레니엄 세대에게 꿈의 직업인데, 비즈니스 스쿨에 다닐 때 절친했던 친구 한 명도 현재 미국 최고의 컨설팅 회사에서 일한다. 그는 자신이 매주 100시간 이상 일한다는 사실을 스스로 매우 자랑스러워했다.

하지만 그렇게 2년간 몸을 혹사한 결과 여기저기서 이상 신호가 나타나기 시작했다. 점점 아프더니 일하는 중에 토까지 했다. 과로에 막대한 스트레스가 겹친 탓이었다. 병원에 갔더니 의사가 한동안 쉬지 않으면 죽을 수도 있다고 겁을 주었다. 그러나 친구에게 일을 쉰다는 것은 상상할 수도 없었다. 그의 모든 정체성이 일에서 비롯되기 때문이었다. 그런데 마음대로 일할 수 없으니 자신이 얼마나 쓸모없는 존재처럼 느껴졌겠는가? 안타깝게도 이렇게 일중독에 걸린 사람은 주위에 상당히 많다.

누가복음 12장에 나오는 어리석은 부자 비유는 하나님을 망각한 채 일과 개인적인 안위만 숭배하는 삶의 위험에 대해 경고한다. 예수님은 어리석은 부자가 죽음과 동시에 일과 평생 쌓은 모든 것을 한꺼번에 잃어버릴 것이라고 말씀하셨다. "어리석은 자여 오늘 밤에 네 영혼을 도로 찾으리니 그러면 네 준비한 것이 누구의 것이 되겠느냐"(눅 12:20).

과로가 국민의 전반적인 건강 악화, 부상, 질병 발생률, 사망률 증가와 직접적인 연관이 있다는 연구 결과가 매일 쏟아지고 있다.[3] 어느 방송 프로그램에 출연한 팀 켈러는 시청자들에게 일, 커리어, 성공에 관해 이렇게 조언했다.

> 일을 정체성의 근원으로 삼으면…성공하면 그 일이 머리로 가서 우리를 무너뜨리고 반대로 성공하지 못하면 그 일이 가슴으로 가서 우리를 무너뜨리지요. 우리의 자존감을 무너뜨리는 것입니다. (그리스도를 믿으면) 일이나 성과와 상관없는 정체성을 얻을 수 있습니다. 그러면 날씨 변화에 영향을 받지 않도록 단열재를 둘러싸는 것과 같은 효과가 나타납니

다. 성공해도 겸손을 잃지 않고 성공하지 못해도 흔들리지 않지요…일은 주인이 아니라 종일 때 좋은 것입니다.[4]

나중에야 깨달은 사실이지만 일중독에 빠지기 쉬운 나의 성향은 아버지에게 영향을 받은 것이었다. 아버지는 완벽한 사업가의 표본과도 같은 분이었다. 날카로운 사업 감각으로 기업 사다리의 꼭대기까지 거침없이 치고 올라가셨다. 하지만 자리가 높아질수록 책임과 희생도 컸다. 하루 12시간 근무가 기본이라서 가족과 식사하는 날은 가뭄에 콩 나듯 드물었다.

아버지가 은퇴하기 전까지만 해도 나는 아버지를 대기업의 사장으로 볼 때가 더 많았다. 실제로 우리의 관계를 고용주와 피고용주처럼 느끼기도 했다. 직장의 우두머리로서 아버지의 몸에 밴 태도는 집에 와서도 쉽게 풀리지 않았다. 고등학교 시절 내내 아버지의 얼굴을 보기 힘들었다. 그러다 보니 점점 원망이 쌓였고 결코 아버지처럼 되지 않겠다는 결심까지 하게 되었다. 하지만 몇 년 전 나는 진짜 감정을 직시하고 아버지의 부재로 인한 상처와 고통을 사람들에게 털어놓았고 아버지와의 관계도 회복할 수 있었다.

일에 관해 탐구하다 보면 갖가지 질문이 생긴다. 일을 통해 하나님께 영광을 돌린다는 것은 실질적으로 어떤 의미인가? 어떻게 해야 가장 많이 시간을 보내는 영역에서 그리스도의 대사가 될 수 있겠는가? 어떻게 해야 이 세상의 소금과 빛이 될 수 있겠는가?

고민과 토론을 위한 질문

1. 일을 저주와 선물 중 무엇으로 보는가?

2. 일하기 싫었던 적이 있는가? 그 원인은 무엇인가?

3. 일을 구속한다는 것은 무슨 뜻인가?

2장 | 일터에서 나는 예배자다

> 주차 티켓을 발행하든, 소프트웨어를 개발하든, 책을 쓰든 자신의 일을
> 제대로 하는 것보다 더 좋은 이웃 사랑은 없다. 다만 유능한 일꾼만 그렇
> 게 할 수 있다. _ 팀 켈러Timothy J. Keller

　　사도 바울은 일터에서 하나님께 영광을 돌릴 수 있는 비
결을 잘 알고 있었다. "무슨 일을 하든지 마음을 다하여 주께 하
듯 하고 사람에게 하듯 하지 말라"(골 3:23). 우리는 진짜 상사가
누구인지를 기억해야 한다. 우리의 궁극적인 상사는 히틀러 같
은 비열한 과대망상증 환자가 아니라 인생의 저자요 우주의 창

조주인 하나님이다.

우리가 단 한 분의 관객 앞에서 일한다는 사실을 깨달을 때 우리의 일은 새로운 차원의 의미와 중요성을 갖게 된다. "너의 행사를 여호와께 맡기라 그리하면 네가 경영하는 것이 이루어지리라"(잠 16:3). 단 한 분의 관객 앞에서 일하면 굳이 우리의 가치를 증명해 보이려고 애쓸 필요가 없다. 일을 바라보는 우리의 시각이 근본적으로 변하므로 우리를 괴롭히는 동료에게도 기꺼이 미소를 보일 수 있다.

종교개혁자 마르틴 루터Martin Luther는 "소젖을 짜는 일도 하나님의 영광을 위해 할 수 있다"라고 했다.1 마찬가지로 화장실 청소도 하나님의 영광을 위해 할 수 있다. 중요한 것은 일을 대하는 우리의 태도다. '하나님, 이 일을 하나님께 하듯 하겠습니다'라는 태도로 한다면 무슨 일이든 그분은 영광을 받으실 것이다. 이런 태도는 반문화적이다. 이 독한 세상을 정화시켜 주는 좋은 향기와 같다. 세상 사람들은 그 향기를 맡고 분명히 차이를 느낄 것이다. 그래서 말씀에 뿌리를 내리고 성령의 인도하심을 따르는 삶이 백 마디 말보다 강력한 전도가 될 수 있는 것이다.

유럽을 여행하던 중에 일꾼 세 명을 만난 사람이 있었다. 그는 대성당 건축 현장을 지나며 첫 번째 일꾼에게 물었다.

"무슨 일을 하고 있나요?"

그러자 일꾼은 퉁명스럽게 대답했다.

"돌을 자르고 있소."

두 번째 일꾼에게도 똑같은 질문을 던졌다.

"무슨 일을 하고 있나요?"

그러자 일꾼은 피곤한 얼굴로 대답했다.

"가족을 먹여 살리기 위해 돌을 자르고 있소."

마지막으로 세 번째 일꾼에게 똑같이 물었다.

"무슨 일을 하고 있나요?"

그러자 일꾼이 환하게 웃으며 대답했다.

"네, 대성당을 짓고 있습니다."

많은 사람이 앞에 나온 두 일꾼과 같다. 그저 눈앞의 유익만 바라보며 일한다. 하지만 마지막 일꾼처럼 전체 그림을 볼 줄 아는 사람들이 있다. 자신의 일을 소명으로 보는 것이다. 이렇게 시각을 바꾸면 결과는 완전히 달라진다. 일이 곧 예배다!

이제 세상의 소금과 빛이 되기 위한 구체적인 몇 가지 방법을 소개하고자 한다.

일터에서 사랑을 보여 주라

예수님은 이웃을 내 몸과 같이 사랑하라고 말씀하셨다. 이것이 두 번째로 큰 계명이다. 일터에서도 그렇게 사랑을 베풀어야 한다. 그런데 일터에서의 최우선 사항이 동료를 사랑하는 것이라고 하면 모두 고개를 갸웃거린다. 종교에 관한 이야기를 금기시하는 일터인데, 그곳에서 이 계명을 어떻게 실천해야 할지 도무지 감이 잡히지 않는다.

동료를 사랑하는 것은 늘 그들이 잘되기를 바라는 것이다. 사랑은 함께 일하는 사람들의 유익을 위해 싸우는 것이다. 단, 무조건 격려하고 칭찬만 해주는 것이 사랑은 아니다. 상대방이 진정으로 잘되기를 바란다면 때로는 쓴소리도 해줄 수 있어야 한다. 격려와 쓴소리의 균형을 적절하게 유지하는 것이 사랑의 핵심이다. 따라서 선생님은 학생에게 있는 그대로의 현실을 말해주어야 한다. 단, 비판이 아니라 사랑이 담긴 말이어야 한다. 또 경영자는 직원들에게 건설적인 피드백을 해서 그들의 잠재력을 최대한 끌어내 주어야 한다. 그렇다면 일터에서 사랑을 보여주는 것은 구체적으로 어떤 모습일까? 팀 샌더스Tim Sanders는 《러브캣》에서, 일터에서 사랑을 실천하는 세 가지 방법을 제안했다. 자신의 지식과 인적 네트워크, 연민을 나누는 것이 그 내용이다.[2] 이것에 관해 다음과 같이 정리했다.

지식을 나누라

별것 아닌 것처럼 보여도 지식을 나누는 것은 엄연한 사랑의 표현이다. 그런데 가지지 못한 것을 줄 수는 없다. 따라서 남들에게 도움이 되려면 평생 배움을 멈추지 말아야 한다. 예를 들어 직장 동료가 자동차 리스를 고려하고 있을 때 내가 리스와 구매의 장단점을 설명해 줄 수 있으면 좋다. 같은 부서의 신참이 업무 내용을 빨리 파악하지 못할 대 참고할 만한 책을 추천해 주는 것도 좋다. 또한 동료가 엑셀을 할 줄 몰라 쩔쩔매고 있을 때 짬을 내서 가르쳐 주는 것이 좋다. 이렇게 우리의 지식이 필요할 때마다 아낌없이 나눌 수 있어야 한다. 그것을 위해 걸어 다니는 사전을 목표로 열심히 공부하자.

인적 네트워크를 나누라

ABC 7 뉴스에 따르면 오늘날 취업의 80%가 인적 네트워크를 통해 이루어진다고 한다.[3] 밀러니엄 세대는 이력서를 채우려고 많은 시간을 투자하지만 사실 그 시간을 진정한 관계 형성에 투자하는 것이 훨씬 더 효과적이다. 이력서와 자기소개서도 중요하지만 그것은 기본이고 더 중요한 것은 자신이 아닌 남들을 먼저 생각하는 마음으로 쌓은 인적 네트워크다. 그리고 그런 인적 네트워크를 남들과 나누어야 한다. '어떻게 하면 이 사람에게 도움이 될 만한 사람을 연결해 줄 수 있을까?' 우리는 틈만 나면 이런 고민을 해야 한다. 거저 받은 것은 거저 나누어 주어야 하는 것이다. 이것도 또 다른 사랑의 실천이다. 우리 모두 인적 네트워크를 나누면 세상은 더 따듯해질 것이다.

연민을 나누라

회사에 다닐 때 웃는 법을 아예 모르는 것처럼 보이는 경영자가 있었다. 그는 늘 포커페이스와 사무적인 태도를 유지했다. 직업 세계에서 살아남기 위한 열쇠 중 하나가 절대 본모습을 드러내지 않는 것이라서 그런 것 같다. 감정을 비치면 약자로 낙인이 찍히기 때문이다. 그래서 속에 있는 감정을 절대 얼굴에 드러내지 않았다. 하지만 이렇게 살면 영혼이 피폐해진다.

사실 모든 비즈니스의 성사는 인간적인 상호작용에 달려 있다. 그런데 왜 인간이기를 거부하는가? 우리는 비인간적인 태도를 버리고 늘 '예수님이라면 어떻게 하셨을까?'라고 물어야 한다. 매일 일터에서 사람들에게 보내는 따뜻한 미소 한 번과 걱정 어린 말 한마디는 그들에게 깊은 사랑을 전해 줄 것이다. 또한 우리가 남들에게 줄 수 있는 최고의 선물은 자신을 드러내는 것이다. 자기 보호의 벽을 허물면 상대방과 깊고 오래가는 관계를 맺을 수 있다.

일을 훌륭하게 해내라

우리는 거의 모든 것에 '기독교'란 표현을 갖다 붙이는 세상에 살고 있다. 기독교 밴드, 기독교 영화, 기독교 예술…. 그런데 이런 표현은 크리스천의 것이 열등하다는 의미를 함축하고 있다. 이제 '기독교'란 표현은 거의 조롱처럼 되어 버렸다. 요즘 기독교가 영혼을 잘 거두지 못하는 것은 기독교 신앙과 원칙의 문제가 아니라 크리스천의 능력이 세상의 전문가에 미치지 못한다는 부정적인 선입관 때문이다. 우리가 하는 모든 일을 기독교의 이름으로 해야 할 필요는 없다. 무슨 일을 하든 훌륭하게 해내면 하나님이 주신 자원과 기회의 충실한 청지기로서 그분께 영광을 돌릴 수 있다. 뛰어난 능력은 그리스도를 광고하는 최고의 마케팅 수단임을 잊지 말고 무슨 일이든 하나님께 하듯 해야 한다.

역사상 최고의 군대 사령관 중 한 명이었던 알렉산더 대왕에 관한 흥미로운 이야기가 있다. 전쟁 중이던 어느 날 밤, 잠이 오지 않던 알렉산더는 군영을 돌아다니다가 잠이 든 보초를 발견했다. 당시 보초 근무 중 잠든 병사에 대한 처벌은 즉결 처형이었다. 젊은 병사가 깨어나자 알렉산더는 가까이 다가갔다. 눈을 비비던 병사는 눈앞에 서 있는 사람이 누구인지 알고 사시나무 떨듯이 두려워했다.

"보초 근무 중에 자면 어떤 벌을 받는지 아나?"

대왕의 서슬 퍼런 목소리에 병사는 떨리는 목소리로 대답했다.

"예, 전하."

"자네 이름이 무엇인가?"

"알렉산더입니다, 전하."

대왕은 고개를 갸웃거리며 다시 물었다.

"이름이 뭐라고?"

"알렉산더입니다, 전하."

대왕은 세 번째로 더 크게 물었다.

"이름이 뭐라고?"

"네, 제 이름은 알렉산더입니다."

대왕은 젊은 병사의 두 눈을 똑바로 쳐다보며 지엄한 목소리로 말했다.

"병사, 이름을 바꾸든가 행실을 바꾸게."**4**

크리스천은 이 젊은 병사와 같다. 우리도 따라야 할 모델이 있고 그 모델은 우리의 대왕 예수 그리스도다. 우리 삶의 모든 면이 그분을 닮아가야 하는 것이다. 세상 가운데 뛰어난 일꾼이 많이 있지만 특히 요즘 문화를 뒤흔드는 힙합계의 인물 한 명을 소개하고 싶다. 그의 이름은 랙래Lecrae다. '새로운 힙합 킹'이라 불리는 그는 빌리 그레이엄과 마이클 조던의 생일 파티에 초대를 받았고 NBC 방송의 〈지미 팰런의 투나잇 쇼〉에 출연했다. 그는 이 시대의 다니엘이라 불리는데, 이는 그가 기독교 세상을 넘어 일반 주류 세상에서도 막대한 영향력을 발휘하고 있기 때문이다. 그의 앨범 〈Anomaly〉(변칙)는 빌보드 차트에서 1위를 기록했는데, 가스펠 앨범으로는 최초이며 크리스천이 낸 앨범으로는 다섯 번째다. 나는 사람들이 그의 뛰어난 능력 때문에 열광한다고 믿는다. 랙래를 보면 잠언 22장 29절 말씀이 떠오른다. "네가 자기의 일에 능숙한 사람을 보았느냐 이러한 사람은 왕 앞에 설 것이요 천한 자 앞에 서지 아니하리라."

하나님은 우리가 열심히 일하기를 바라신다

예수님을 상사로 삼으면 우리의 일은 훨씬 더 깊은 의미를 지닌다. 사도 바울은 우리가 교회 안에서든 밖에서든 열심히 일해야 한다는 점을 강조했다.

> "당신이 아는 바와 같이 이 손으로 나와 내 동행들이 쓰는 것을 충당하여 범사에 당신에게 모본을 보여 준 바와 같이 수고하여 약한 사람들을 돕고 또 주 예수께서 친히 말씀하신 바 주는 것이 받는 것보다 복이 있다 하심을 기억하여야 할지니라"(행 20:34-35).
>
> "어떻게 우리를 본받아야 할지를 너희가 스스로 아나니 우리가 너희 가운데서 무질서하게 행하지 아니하며 누구에게서든지 음식을 값없이 먹지 않고 오직 수고하고 애써 주야로 일함은 너희 아무에게도 폐를 끼치지 아니하려 함이니 우리에게 권리가 없는 것이 아니요 오직 스스로 너희에게 본을 보여 우리를 본받게 하려 함이니라"(살후 3:7-9).

말씀에서 볼 수 있듯이 크리스천은 근면으로 알려져야 한다. 유명한 전도자 D. L. 무디는 게으른 크리스천을 본 적이 없다고 말했다. 나도 나태한 크리스천이단 말은 모순이라고 생각한다. 잠언 곳곳에 게으름을 경계하는 내용이 나온다. "게으른 자는 그 잡을 것도 사냥하지 아니하나니 사람의 부귀는 부지런한 것이니라"(잠 12:27). "게으름이 사람으로 깊이 잠들게 하나니 태만한 사람은 주릴 것이니라"(잠 19:15). "내가 게으른 자의 밭과 지혜 없는 자의 포도원을 지나며 본즉"(잠 24:30).

문화의 일곱 가지 산을 되찾으라

1975년 기독교계의 두 거인이 처음으로 얼굴을 마주했다. 그 주인공은 CCC Campus Crusade for Christ의 설립자 빌 브라이트와 예수전도단Youth with a Mission의 설립자 로렌 커닝햄이었다. 그들은 같은 날 콜로라도 주에 가게 되었다. 두 사람이 만나기 전날 하나님은 동시에 그들에게 메시지를 주셨다. 그 내용은 예수 그리스도를 위해 미국과 열방을 변화시키려면 한 나라의 문화를 형성하는 일곱 가지 영역 혹은 일곱 가지 산을 움직여야 한다는 것이었다. 이 일곱 가지는 가족, 종교(교회), 정부, 비즈니스, 미디어, 예술/엔터테인먼트, 교육이다. 약 한 달 뒤, 기독교계 또 다른 리더인 프랜시스 쉐퍼도 하나님께 비슷한 메시지를 받았다.

하나님은 그들에게 진정한 영적 전쟁터가 어디인지를 보여 주신 것이었다.

예수님은 하늘로 올라가시기 전 열두 제자에게 "가서 모든 민족을 제자로 삼으라"고 명령하셨다. 그런데 2,000년이 지난 지금, 크리스천은 모든 나라를 제자로 삼는 게 아니라 나라들 '안에서만' 제자를 삼고 있다. 이 둘은 극명한 차이가 있다. 나는 어릴 적에 사람들을 전도하는 것이 크리스천의 유일한 임무라고 생각했다. 다시 말해 내 머릿속에 개인의 구원만 있었던 것이다. 교회에서도 사람들을 예수 그리스도와의 개인적인 관계로 초대해야 한다는 말을 반복해서 들었다. 물론 맞는 말이고 이 임무는 더없이 중요하다.

하지만 이것이 전부는 아니다. 지난 200년 동안 아주사 거리 Azusa Street 부흥과 성령 쇄신 운동Charismatic Renewal 같은 강력한 부흥이 나타났지만 그 부흥은 나라들에게 지속적인 영향을 미치지는 못했다. 오히려 나라들은 점점 타락했고 글로벌 문화 속에서 크리스천은 설 곳을 잃어갔다. 많은 크리스천이 기독교의 안전한 울타리 속으로 후퇴했다. 중세의 수도승처럼 우리끼리 모여 기독교 음악, 기독교 서적, 기독교 영화, 기독교 예술로 이루어진 기독교 문화 아래로 숨었다. 물론 이런 것이 중요하지만 우리끼리 어울릴 때의 편안함에 푹 빠져 우리가 변화시켜야 할 대상을 망각한 것은 잘못이다. 우리가 무엇을 변화시키도록 부름받았는가? 바로 문화다.

사실 복음에 대한 우리의 이해는 심각한 결함을 안고 있다. 교회에서 전하는 복음은 흔히 우리가 죄인이라는 사실에서부터 시작된다. 죄인이었던 우리가 은혜로 구원을 받으면 천국에 갈 소망이 생긴다. 그렇다면 그 후 우리가 할 일은 이 세상을 탈출해서 세상 문화와 완전히 접촉을 끊는 것일까? 이것은 온전한 복음이 아니다. 그저 반쪽짜리 복음일 뿐이다. 복음은 창조에서 시작된다. 창세기 1-2장에서 하나님은 우리에게 직무 설명서를 주셨다.

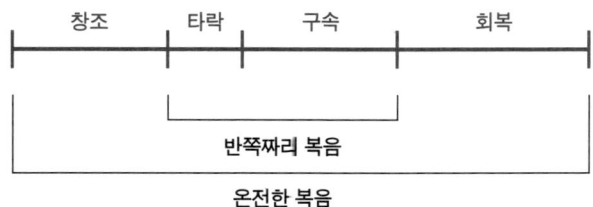

사도행전에서 복음의 적들은 바울과 실라를, 세상을 뒤엎는 자들로 불렀다. 물론 칭찬이 아니라 비난이었지만 틀린 말도 아니다. 바울과 실라가 뒤엎어진 세상을 다시 뒤엎는 자들이었기 때문이다. 원래 하나님이 창조하신 세상은 모든 동물, 식물, 인간이 완벽한 조화를 이루며 사는 세상이었다. 자연재해도, 죄도, 질병도, 죽음도 존재하지 않았고 완벽한 샬롬만 가득했다. 하지만 아담과 하와를 통해 죄가 들어오면서 세상이 뒤엎어졌다. 세상은 왜곡되고 일그러졌으며 혼란스럽고 복잡해졌다. 그래서 우리는 저주받은 세상과 저주받은 시스템 속에서 살고 있다. 하나님은 이제 우리를 이 세상을 다시 뒤엎는 일, 죄의 결과에 맞서는 일, 죄는 죄라고 분명히 지적하는 일로 부르신다.

나는 세 번째 신앙의 부흥이 오고 있다고 믿는다. 단, 이 부흥의 물결은 설교단이 아닌 성도가 있는 자리에서부터 시작될 것이다. 또한 문화의 일곱 가지 영역에서부터 시작될 것이다. 그러려면 우리가 각 영역에서 고지를 탈환해야 한다. 그래야 문화에 큰 영향을 미칠 수 있기 때문이다. 그러므로 하나님이 자신을 일곱 가지 영역에서 어디로 부르셨는지 진지하게 고민해 보고 자신의 스위트 스폿을 발견하기를 바란다.

실천 내용 : 각 영역에서 스위트 스폿 찾기

자신의 스위트 스폿을 알려면 하나님이 문화의 일곱 가지 산에서 자신을 어디로 부르셨는지 고민해야 한다.

- 가족
- 교회
- 비즈니스
- 정부
- 교육
- 예술/엔터테인먼트
- 미디어

고민과 토론을 위한 질문

1. 일터에서 어떤 식으로 사랑을 실천하고 있는가? 왜 일터
   에서는 남들을 사랑하기가 힘든가?

2. 일터에서 일을 훌륭하게 해낼 수 있는 방법은 무엇인가?
   일을 훌륭하게 해내면 일터에 어떤 영향을 줄 수 있는가?

3. 일터에서 남들보다 열심히 일하기가 왜 그리 힘든가?

4. 이번 장을 읽고 노동 윤리에 관한 생각이 어떻게 바뀌었
   는가?

3장

누가 뭐래도 우리가 가장 눈부시다

필요한 것부터 하고 나서 가능한 것을 하면 어느 순간 갑자기 불가능한 것을 하게 될 것이다. _ 아시시의 성 프란체스코St. Francis of Assisi

어릴 적 가장 좋아했던 영화는 〈백 투 더 퓨처〉다. 이 영화에서는 십대 소년과 타임머신을 개발해 고물 자동차에 장착한 괴짜 과학자가 나온다. 스티븐 스필버그가 제작한 이 영화는 최고의 특수 효과와 사운드로 오스카상을 수상했고 우리의 문화와 사고방식을 상당 부분 바꿔 놓았다. 하지만 내가 이 영화를 사랑하는 이유는 따로 있다. 그것은 지금 우리가 하는 모든 행동에 그에 맞는 결과가 따른다는 메시지 때문이다.

마찬가지로 청년기를 어떻게 보내느냐에 따라 우리의 미래는 달라진다. 그러므로 이것을 명심하고 시작을 잘해야 한다. 그렇다면 어떻게 해야 시작을 잘할 수 있을까? 먼저 강건한 기초를 쌓아야 한다.

강건한 기초를 쌓으라

마무리를 잘하려면 시작을 잘해야 한다. 이십 대는 좋은 땅을 만들거나 나쁜 땅(길가 혹은 돌밭 혹은 가시떨기)을 만드는 시기다. 우리는 칠십 대까지도 흔들리지 않는 강건한 기초를 쌓아야 한다. 당장 결실이 나타나지 않는다고 낙심할 필요는 없다. 실제로 씨앗이 열매를 맺기까지는 꽤 시간이 걸리기 때문이다(마 13:3-9).

강을 건너기 위해 배를 향해 달려가는 한 남자가 있었다. 남자는 전속력으로 질주해서 겨우 선착장에 도착했다. 하지만 바로 앞에서 배의 문이 닫혀 버렸다. 옆에서 이 모습을 지켜보던 사람이 안타까운 표정으로 말했다.

"그러게, 좀 더 빨리 달리지 그랬어요?"

"최대한 빨리 달렸어요. 단지 제시간에 출발하지 않았을 뿐이에요."

하나님을 위해 일하려면 일찍 출발해야 한다. 멕 제이Meg Jay는 《제대로 살아야 하는 이유》(생각연구소, 2013)에서 이십 대를 미래에 큰 영향을 미치는 가장 결정적인 시기로 꼽았다. 다음과 같은 내용이 그 사실을 증명한다.

- 인생에서 중요한 사건의 30%가 35세 이전에 일어난다.
- 평생 이루어지는 연봉 인상의 70%가 사회 진출 후 10년 사이에 이루어진다.
- 미국인의 절반 이상이 30세 이전에 사귄 사람과 결혼하거나 동거한다.
- 이십 대에 성격이 가장 많이 변한다.
- 이십 대에 정력이 가장 왕성하다.
- 이십 대에 뇌가 마지막 성장 급등을 마친다.[1]

이십 대를 전문적으로 연구하는 임상심리학자인 멕 제이는 '젊어서 노세'라는 태도로 살다가 나중에 직업적, 개인적, 영적으로 혹독한 대가를 치르는 사람이 많다는 사실을 발견했다. 젊을 때 놀지 않으면 늙어서 놀 수 없다는 것은 너무나 어리석은 생각이다. 더는 준비를 미루어서는 안 된다. 나중에 충분히 채울 수 있다며 시간과 재능을 낭비하는 짓은 그만두어야 한다.

사도 바울은 인생을 경주에 빗대어 그저 달리기만 하는 것이 아니라 이겨야 한다고 도전한다. "운동장에서 달음질하는 자들이 다 달릴지라도 오직 상을 받는 사람은 한 사람인 줄을 너희가 알지 못하느냐 너희도 상을 받도록 이와 같이 달음질하라"(고전 9:24). 우리는 일터로, 집으로, 교회로 발에 불이 나도록 뛰어다닌다. 하지만 인생길은 뜻밖의 갈림길로 가득하다. 살수록 인생이 어디로 갈지 알 수가 없다. 그래서 청년들 중에는 결승선을 넘을 자신감마저 상실한 사람도 많다. 아무리 달려도 빙빙 도는 것만 같은 기분이 들 때가 많기 때문이다. '내가 결승선에 이를 수 있을까? 내가 잘 달리고 있기는 한 것일까?'

복리 효과

복리 효과를 생각하면 미리 준비하는 것이 얼마나 중요한지를 피부로 느낄 수 있다. 모두 토끼와 거북이 이야기를 들어 봤을 것이다. 이 이야기의 교훈은 느려도 꾸준한 사람이 이긴다는 것으로, 바로 이것이 복리 효과의 핵심이다.

두 친구 짐과 루스는 함께 자랐다. 그리고 언제부터인가 둘 다 미래에 관해 고민하기 시작했다. 짐은 19세 때부터 매년 2,000달러씩 8년간 펀드에 투자했다. 그가 선택한 펀드는 이율 12%의 상품이었고, 26세가 되자 그는 투자를 중단했다. 그가 불입한 돈은 총 16,000달러였다. 반면 루스는 27세가 될 때까지 한푼도 투자하지 않다가 그때부터 65세까지 똑같은 연이율 12%의 펀드에 투자했다. 루스는 짐보다 31년 더 돈을 납입했고 39년간 총 투자액은 78,000달러였다.

이제 두 사람이 65세가 되었을 때 모인 금액이 얼마일지 계산해 보자. 누구의 돈이 더 많겠는가? 8년간 총 16,000달러를 투자한 짐일까? 39년간 78,000달러를 투자한 루스일까? 놀랍게도 짐의 자산이 루스보다 70만 달러나 더 많았다. 이 역전극의 비밀은 바로 시간이다. 시간이 복리 효과의 힘인 것이다.

이렇게 우리가 삶에 대한 투자를 일찍 시작하면 어떻게 될까? 하나님은 우리에게 독특한 성격과 재능, 열정, 인생 경험을 주셨고 이 땅에 있는 동안 그것을 최대한 활용하라고 명령하셨다. 따라서 하나님이 주신 소명을 열심히 추구하는 것이 우리의 역할이다. 이것을 이십 대에 깨달으면 오십 대에는 매일 직업적인 스위트 스폿 안에서 살게 될 것이다. 즐겁게 일할 뿐 아니라 재능을 최대한 발휘해서 하나님께 영광을 돌리게 될 것이다.

창조주를 기억하라

역사상 가장 지혜롭고 부유했던 솔로몬 왕에게 시작을 잘하는 비결을 배울 수 있다. 솔로몬은 세상에서 가장 지혜로운 사람이자 가장 어리석은 사람 중 한 명이었다. 그는 다윗이라는 훌륭한 왕을 아버지로 두었고 하나님은 그에게 비할 데 없는 지혜를 주셨다. 하지만 그는 평생 하나님의 계명을 어기면서 재능을 허비했다. 정략적인 결혼을 일삼다 보니 700명의 아내와 300명의 첩을 거느리게 되었다. 그것도 모자라 자신이 누구에게 속한지를 잊어버리고 우상을 숭배했다. 하나님 대신 세상적인 쾌락을 좇기 시작한 것이다. 40년 동안 그는 많은 업적을 쌓기도 했지만 수많은 유혹 앞에 무릎을 꿇었다.

말년에 솔로몬은 회한의 눈물을 흘리며 이렇게 말했다. "너는 청년의 때에 너의 창조주를 기억하라 곧 곤고한 날이 이르기 전에, 나는 아무 낙이 없다고 할 해들이 가깝기 전에"(전 12:1). 경주를 마치려면 창조주를 기억해야 한다. 기억한다는 것은 단순히 머릿속에 집어넣는 것이 아니다. '기억하다'를 뜻하는 헬라어 '자카르'zakar는 하나님을 사랑하고 섬기며 경외하겠다고 결단하라는 명령을 뜻한다. 결국 하나님께 시선을 고정하지 않으면 솔로몬 왕처럼 세상 욕심을 좇느라 인생을 허비하게 된다.

또한 하나님을 기억한다는 것은 하나님을 제일 우선시한다는 뜻이다. 2015년 딜라드 대학 졸업식에서 덴젤 워싱턴은 졸업생들에게 하나님을 최우선시하라고 촉구하며 연설했다.

> 모든 일에서 하나님을 가장 우선시하십시오…제가 가진 것은 전부 하나님의 은혜로 받은 것입니다. 선물이지요…저는 그분께 등을 돌릴 때가 많았습니다. 하지만 그분은 변함없이 저를 붙잡아 주셨지요…(무릎을 꿇고) 감사의 기도를 올리십시오. 은혜와 긍휼을 베풀어 주셔서 감사합니다. 이해력을 주셔서 감사합니다. 지혜를 주셔서 감사합니다. 부모님을 주셔서 감사합니다. 사랑, 온유, 겸손, 평안을 주셔서 감사합니다. 번영을 주셔서 감사합니다. 이미 얻은 것이나 다름없는 것들에 대해서도 미리 감사하십시오.[2]

창조주를 기억하면 우리의 날을 계수할 지혜를 얻을 수 있다.

보통 청년들은 죽음을 생각하지 않는다. 하지만 시편 기자가 뭐라고 했던가. "우리의 연수가 칠십이요 강건하면 팔십이라도 그 연수의 자랑은 수고와 슬픔뿐이요 신속히 가니 우리가 날아가나이다…우리에게 우리 날 계수함을 가르치사 지혜로운 마음을 얻게 하소서"(시 90:10, 12).

세상은 우리에게 "아직 젊으니 실컷 즐기라. 시간은 많다"라고 속삭이지만 우리의 시간은 잠시뿐이다. 토머스 브라운Thomas Browne의 말을 가슴에 새기기를 바란다. "이 땅에서의 시간은 영원 속의 작은 괄호 하나에 불과하다." 우리는 내일이 이 땅에서의 마지막 날인 것처럼 살아야 한다. 청년기의 허송세월을 만회할 시간이 남아돈다는 착각에서 벗어나 하나님이 맡겨주신 것을 최대한 활용하여 의도적인 삶을 시작해야 한다. 그것을 위해 자신의 기질, 성격, 영적 은사와 재능, 열정이 가는 일과 세상의 문제들, 삶의 이면에 흐르는 메시지와 목적에 관해 진지하게 고민하기를 바란다. 또한 주변 사람들을 통해 그리스도 안에서 맡아야 할 역할에 관한 단서를 찾을 수 있도록 하나님께 요청하는 것도 필요하다. 그리하여 이 시대 청년들 모두 무의미한 경쟁의 쳇바퀴에 갇히지 않고 자신만의 스위트 스폿 안에서 살아가기를 진심으로 소망하며 응원한다.

고민과 토론을 위한 질문

1. 강건한 기초를 쌓기 위해 바꿔야 할 습관은 무엇인가?

2. 어떻게 매일의 삶에서 창조주를 기억할 수 있을까?

3. 복리 효과를 내 인생의 어떤 부분에 적용할 수 있을까?

연료가 바닥이 난 채로 몇 년간 달렸다. 그러던 어느 날 불현듯 하나님이 마이크를 들고 나를 향해 외치시는 것 같은 느낌을 받았다. "폴, 이제 독수리처럼 날아올라야 하지 않겠니?" 하나님은 나를 독수리처럼 날개 치며 올라가도록 창조하셨다(사 40:31). 하지만 대학 졸업 후 나는 오랫동안 무의미한 삶을 근근이 이어가고 있었다. 좀처럼 나서지 않고 현실에 안주했다. 혁신적인 아이디어가 번번이 거절당하고 난 뒤에는 나도 모르게 움츠러들면서 정신 상태도 점점 해이해졌다. 독수리의 본성을 잃어버리고 하늘로 날아오르지 못하는 것이었다.

대학을 졸업하고 몇 년 동안 풀리지 않은 의문과 씨름했다. '과연 이것이 내가 해야 할 일인가? 왜 날마다 짜증과 외로움, 무의미의 폭풍이 마음을 휩쓸그 지나가는가? 영혼은 피폐해져

가는데 그저 두둑한 연봉과 보너스, 안락한 삶에 만족해야 하는가? 혹시 내가 너무 이상주의적인 것은 아닌가? 다 이렇게 사는데 나만 유난 떠는 것은 아닌가?'

마침내 하나님은 내가 무의미한 경쟁이나 하며 살도록 창조되지 않았다는 사실을 보여 주셨다. 나는 자유롭게 날아올라야 하는 존재로 독수리처럼 날아오르는 법을 배워야 했다.

지금 나는 안정적인 수입이 없다. 기업가요 리더십 컨설턴트이자 강사요 블로거이자 작가로 열심히 활동하고 있지만 불확실성과 좌절, 혼란과 매일 싸워야 한다. 내가 마주하고 있는 존재론적인 질문은 지극히 실질적이다. 하지만 인생이 다 그렇지 않은가? 이상하게 들리겠지만 내 평생 이토록 평안하고 만족스럽기는 처음이다.

남에게 해고당하기 전에 내 발로 회사를 나와서 얼마나 다행인지 모른다. 그렇지 않고 계속 버티는 것은 나 자신에게도 손해고 동료들과 회사에도 누가 되며 무엇보다도 하나님에 대한 불충이었을 것이다.

이제 나는 매일 아침 말할 수 없는 기쁨과 기대감으로 눈을 뜬다. 물론 하나님의 소명을 따르는 것은 쉬운 결정이 아니다. 하지만 용기를 내어 소명을 향해 한 걸음을 내딛으면 하나님이 필요한 모든 것을 채워 주신다.

　나는 MBTI 결과가 ENFJ로 나온 사람답게 남들의 삶에 좋은 영향을 미치고 싶다. 나의 재능과 강점인 리더십, 관계 맺기, 가르침을 활용하여 젊은 리더들이 소명을 발견해서 진정으로 따를 만한 리더로 성장하도록 열정을 다해 도울 것이다. 하나님은 남들을 이해하는 능력과 도우려는 마음을 내 안에 불어넣으셨다. 그 결과, 지금 나는 좋아하는 일을 하면서 돈까지 벌고 있다. 그야말로 일석이조로 나의 스위트 스폿 안에서 살고 있는 것이다. 나만 이렇게 살기는 너무 아쉽다. 하나님은 우리를 모두 의미 있는 삶으로 부르고 계신다. 이제 하나님이 주신 진짜 소명을 발견하여 각자의 스위트 스폿 안에서 기쁘게 살아가자!

이 책은 단순한 책이 아니다. 당신은 지금 하나의 여행을 손에 들고 있는 것이다. 나도 여전히 하나님이 주신 소명을 향해, 내 스위트 스폿을 향해 여행하는 중이다.

모든 여행이 그렇듯이 내가 소명을 발견하고 스위트 스폿 안에서 살도록 도와준 사람들이 있다. 그중 가장 고마운 분은 부모님이다. 아버지 손대일과 어머니 이혜영은 그리스도의 발걸음을 따라 사는 삶이 무엇인지를 온몸으로 보여 주셨다. 특히 잠언 31장에 나오는 "현숙한 여인"은 바로 우리 어머니가 아닐까 싶을 정도로 어머니는 내게 비둘기처럼 순결하고 뱀처럼 지혜로운 삶의 본이 되어 주셨다. 겸손한 마음과 예수님을 향한 사랑, 근면의 유전자를 물려주신 아버지도 말할 수 없이 존경한다. 신앙에서 비롯한 지혜와 예수님을 향한 사랑으로 나를 키워 주신 두 분의 은혜는 평생 갚아도 모자랄 것이다.

캐나다에서 나를 보살펴 준 홈스테이 식구들에게도 감사하다. 조앤Joan과 제럴드 밴 다익Gerald van Dyck 부부는 나를 아들로 여기며 사랑과 관심을 쏟고 나의 잠재력을 진정으로 믿어 주었다.

동생 손민주도 너무 고맙다. 민주의 창의성은 늘 내게 영감과 도전이 된다. 민주의 변함없는 지원과 사랑, 기도는 어떤 상황에서도 용기를 잃지 않게 해주는, 든든한 버팀목이다. 그런 동생이 있어서 너무 행복하다.

또한 최고의 출판 에이전트 캐시 한지안Cassie Hanjian에게 고맙다. 그들은 이 책의 가능성을 믿어 주었다. 페이스워드FaithWords 출판사와 뛰어난 편집자 버지니아 바슈카Virginia Bhashkar와 같이 작업한 것은 내게 큰 영광이다.

무엇보다도 나를 불러 그분을 위해, 그분에 의해, 그분을 통해 살게 하신 내 인생의 저자요 창조주이신 하나님께 감사한다. 그분의 겸손한 종으로 불같이 살겠다고 다시 한 번 다짐해 본다. 끝까지 최선을 다하리라!

프롤로그

1. Thomas Merton, AZ Quotes (September 2015). http://www. azquotes.com/quote/856466.

2. Os Guinness, *The Call: Finding and Fulfilling the Central Purpose of Your Life* (Nashville, TN: W Publishing Group, 1998), p.7. 《소명》(IVP 역간).

Question / 1부 내 인생, 어디로 가고 있지?

1장 이 허탈감은 뭐지

1. Richard J. Leider and David A. Shapiro, *Repacking Your Bags: Lighten Your Load for the Good Life* (San Francisco: Berrett-Koehler Publishers, 2012). 《인생의 절반쯤 왔을 때 깨닫게 되는 것들》(위즈덤하우스 역간).

2. "What Millennials Want from Work and Life", *Gallup* (May 2016). http://www.gallup.com/businessjournal/191435/millennials-work-life.aspx.

3. Viktor E. Frankl, *Man's Search for Meaning* (Boston: Beacon Press, 1959). 《죽음의 수용소에서》(청아출판사 역간).

4. Clayton M. Christensen, *How Will You Measure Your Life?* (New York: Harper Collins Publishers, 2012). 《당신의 인생을 어떻게 평가할 것인가》(알에이치코리아 역간).

5. 같은 책.

6. Wright Thompson, "Michael Jordan Has Not Left the Building", *ESPN the Magazine* (March 2013). http://espn.go.com/espn/feature/story/_/page/Michael-jordan/michael-jordan-not-left-building.

2장 달려도 모자란데 빨간불이라니

1. David Kim, *Twenty and Something: Havethe Time of Your Life (and Figure It All Out Too)* (Grand Rapids, MI: Zondervan, 2014).

2. Christine B. Whelan, "Seek Your Purpose before Your Paycheck", *Acculturated* (May 2016). http://acculturated.com/purpose-before-paycheck.

3. Alexandra Robbins and Abby Wilner, *Quarter Life Crisis: The Unique Challenges of Life in Your Twenties* (New York: TarcherPerigee, 2001). 《청년 위기》(들빛 역간).

4. "청년 4명 중 1명 사실상 백수", 머일경제 (2017 07). http://news.mk.co.kr/newsRead.php?year=2017&no=468534.

5. "Millennials: Fueling the Experience Economy", *Eventbrite* (September 2015). http://eventbrite-s3.s3.amazonaws.com/

marketing/Millennials_Researc

6. Kate Taylor, "Millennials Spend 18 Hours a Day Consuming Media—and It's Mostly Content Created by Peers", *Entrepreneur* (March 2014). http://www.entrepreneur.com/article/232062.

7. Audrey Barrick, "Survey: Christians Worldwide Too Busy for God", *Christian Post* (July 2007). http://www.christianpost.com/news/survey-christians-worldwide-too-busy-for-god-28677.

8. "韓 노동시간 OECD 2위…獨보다 넉 달 더 일하고 임금은 70%", 연합뉴스 (2017 08).

   http://www.yonhapnews.co.kr/bulletin/2017/08/15/0200000000AKR20170815071000002.HTML?input=1195m

9. Oswald Chambers, *My Utmost for His Highest* (Grand Rapids, MI: Discovery House Publishers, 2012). 《주님은 나의 최고봉》(토기장이 역간).

10. Paul Angone, "3 Ways to Cure Obsessive Comparison Disorder", *All Groan Up* (September 2015). http://allgroanup.com/featured/obsessive-comparison-disorder.

3장 이젠 내가 어떤 사람인지도 모르겠군

1. Max Lucado, *Cure for the Common Life* (Nashville, TN: Thomas Nelson, 2008), p71. 《일상의 치유》(청림출판 역간).

2. "Nurse Records the Top Five Regrets of the Dying", *Preaching Today* (February 2012). http://www.preachingtoday.com/illustrations/2012/february/2022012.html.

3. C. S. Lewis, *Mere Christianity* (New York: Touchstone, adivision of Simon&Schuster, 1996).《순전한 기독교》(홍성사 역간).

4. Leonard Sweet, *Soulsalsa: 17 Surprising Steps for Godly Living in the 21st Century* (Grand Rapids MI: Zondervan, 2009), p.10.

5. Ravi Zacharias, *Can Man Live without God* (Nashville, TN: Thomas Nelson, 2004), p.173.《진리를 갈망하다》(프리셉트 역간).

6. "Rick Warren Shows God's Value to 5,000 Inmates", *Preaching Today* (September 2014). http://www.preachingtoday.com/illustrations/2014/september/4092914.html.

7. Michelle Cederberg, "Self-Talk Tips to Help You 'Exercise' Positive Thinking" (September 2015). http://www.michellecederberg.com/wp-content/uploads/2010/10/Self-talk-Tips-to-Help-you-Exercise-Positive-Thinking3.pdf.

Meaning of life / 2부 내 삶은 왜 이렇게 평범하지?

1장 성공, 꼭 해야겠지?

1. Ron Blue, *Master Your Money: A Step-by-Step Plan for Financial Freedom* (Nashville, TN: Thomas Nelson, 2004).

2. Bill Peel, *What God Does When Men Lead: The Power and Potential of Regular Guys* (Carol Stream, IL: Tyndale Momentum, 2009).

3. Rick Warren, *The Purpose Driven Life* (Grand Rapids, MI: Zondervan, 2002).《목적이 이끄는 삶》(디모데 역간).

4. Max Lucado, *Shaped by God* (Carol Stream, IL: Tyndale House Publishers, 2002), p.112.

5. "Three Trends on Faith, Work, and Calling", *Barna Group* (February 2014). https://www.barna.com/research/three-trends-on-faith-work-and-calling/

2장 다른 사람들도 다 소명을 찾았나?

1. Os Guinness, *The Call: Finding and Fulfilling the Central Purpose of Your Life* (Nashville, TN: W Publishing Group, 1998), p.4.

2. Timothy Keller, *Every Good Endeavour: Connecting Your Work to God's Plan for the World* (New York: Penguin, 2014). 《일과 영성》(두란노 역간).

3. Rebekah Lyons, "Finding Your Calling Is about Learning Obedience", *Relevant Magazine* (March 2015). http://www.relevantmagazine.com/life/maker/finding-your-calling-doesnt-have-be-complicated.

4. Michael Maccoby, *The Gamesman* (New York: Random House, 1978).

5. Marianne Williamson, "Marie Forleo's Family interview", *Marie TV* (April 2013). http://www.marieforleo.com/2013/04/marianne-williamson.

6. Os Guinness, *The Call: Finding and Fulfilling the Central Purpose of Your Life* (Nashville, TN: W Publishing Group, 1998), p.31.

7. Hugh Whelchel, "Discover Your Story", *Institute for Faith, Work and Economics* (March 2015). http://tifwe.org/wp-content/

uploads/2015/03/Discover_Your_Story_Hugh_Whelchel.pdf.

8. C. S. Lewis, *Weight of Glory* (New York: Harper Collins Publishers, 1980). 《영광의 무게》(홍성사 역간).

9. Mark R. Schwen and Dorothy C. Bass, *Leading Lives That Matter: What We Should Do and Who We Should Be* (Grand Rapids, MI: Eerdmans, 2006).

10. Jeff Goins, *The Art of Work: A Proven Path to Discovering What You Were Meant to Do* (Nashville, TN: Thomas Nelson, 2015), p.139. 《일의 기술》(CUP 역간).

11. Jack Fortin, *The Centered Life: Awakened, Called, SetFree, Nurtured* (Minneapolis: Augsburg Fortress Publishers, 2009), p.14-15.

3장 소명을 현실에서 이룰 수 있어?

1. Eusebius of Caesarea, Demonstration of the Gospel 1.8 ET, *The Proof of the Gospel Being the Demonstratio Evangelica of Eusebius of Caesarea vol.1, Trans. W. J. Ferrar* (London: SPCK, 1920), p.48-50.

2. R. C. Sproul, "What Does 'coram Deo' Mean?", *Ligonier Ministries* (May 2015). http://www.ligonier.org/blog/what-does-coram-deo-mean.

3. John Piper, *Amazing Grace in the Life of William Wilberforce* (Wheaton, IL: Crossway Books, 2006), p.35.

4. Os Guinness, *The Call: Finding and Fulfilling the Central Purpose of Your Life* (Nashville, TN: W Publishing Group, 1998), p.41-42.

5. Henrietta C. Mears, *Founders of Our Faith: Genesis through Deuteronomy: From Creation to the Promised Land* (Ventura, CA: Gospel Light, 2011).

6. Madeleine L'Engle, *Walking on Water: Reflections on Faith and Art* (Colorado Springs: Water Brook Press, 2001), p.62.

Calling / 3부 하나님께 답을 들어야겠어

1장 소명을 어디에서 찾아야 할까

1. Parker Palmer, *Let Your Life Speak: Listening for the Voice of Vocation* (Hoboken, NJ: John Wiley and Sons, 1999), p.4. 《삶이 내게 말을 걸어올 때》(한문화 역간).

2. William Wilberforce, *William Wilberforce: Greatest Works* (Newberry, FL: Bridge-Logos, 2007), p.17. 《윌리엄 윌버포스의 위대한 유산》(요단출판사 역간).

3장 나에게는 나만의 재능이 있다

1. Albert L. Winseman, Donald O. Clifton, and Curt Liesveld, *Living Your Strengths: Discover Your God-Given Talentsand Inspire Your Community* (Washington D. C: Gallup Press, 2004).

2. Max Lucado, *Curefor the Common Life* (Nashville, TN: Thomas Nelson, 2008), p.54.

3. "Patek Philippe Launches an Advertising Film Based on

Famous 'Generations' Campaign", *News report* (September 2015). http://www.patek.com/en/communication/news/product-advertising.

4. "About", *Portland Leadership Foundation* (September 2015). http://portlandleadership.org/about.php.

5. "Chariots of Fire", *Allied Stars Ltd.* (1981).

6. Parker Palmer, *Let Your Life Speak: Listening for the Voice of Vocation* (Hoboken, NJ: John Wileyand Sons, 1999), p.12.

Passion / 4부 하나님 앞에서 뜨겁게 살자

1장 나도 뜨거웠는데, 열정이 어디로 갔을까

1. Frederick Buechner, *Wishful Thinking: A Theological ABC* (New York: Harper and Row, 1973). 《통쾌한 희망사전》(복있는사람 역간).

2. Bill Hybels, *Holy Discontent: Fueling the Fire That Ignites Personal Vision* (Grand Rapids, MI: Zondervan, 2007). 《좋은 사역자》(두란노 역간).

3. 같은 책.

4. http://static.oprah.com/pdf/passion-hexagon.pdf.

2장 지난날들 속에 미래가 숨어 있다

1. Ravi Zacharias, *The Grand Weaver: How God Shapes Us through the Events of Our Lives* (Grand Rapids, MI: Zondervan, 2007).

2. 같은 책.

3. Chuck Colson, "The Gravy Train Gospel", *Preaching Today* (May 2012). http://www.preachingtoday.com/illustrations/2012/may/7050712.

3장 인생의 마지막은 지금부터 준비해야 한다

1. Daven Hiskey, "Alfred Nobel Was Also Known as 'The Merchant of Death'", *Today I Found Out* (January 2011). http://www.todayifoundout.com/index.php/2011/01/alfred-nobel-was-also-known-as-the-merchant-of-death.

Starting / 5부 그래 지금부터야, 우린 청년이잖아

1장 나의 영원한 선임은 하나님이시다

1. Susan Adams, "Unhappy Employees Outnumber Happy Ones by Two to One Worldwide", *Forbes* (October 2013). http://www.forbes.com/sites/susanadams/2013/10/10/unhappy-employees-outnumber-happy-ones-by-two-to-one-worldwide.

2. Os Hillman, *Today God Is First* (Ventura, CA: Regal Books, 1984).

3. A. E. Dembe etc, "The Impact of Overtime and Long Work Hours on Occupational Injuries and Illnesses: New Evidence from the United States", *Occupational and Environmental*

Medicine 62, no. 9 (September 2005), p.588-597. http://oem.bmj.
com/content/62/9/588.full.

4. Mark Galli, "Domestic Neglect: Can You Hear the Silent
Screams at Home?", *Christianity Today* (November 2014). http://
www.christianitytoday.com/ct/2014/november/domestic-
neglect.html.

2장 일터에서 나는 예배자다

1. "Martin Luther Quote," *AZ Quotes* (December 2016). http://www.
azquotes.com/quote/898497.

2. Tim Sanders, *Love Is the Killer App: How to Win Business and
Influence Friends* (New York: Crown Business, 2002). 《러브캣》(책속의향기 역간).

3. Lisa Amin Gulezian, "Hundreds of Job Offered at Job Fair,"
ABC 7 News (May 2011). http://abc7news.com/archive/8149633.

4. Wayne Rise, *Hot Illustrations for Youth Talks* (Grand Rapids, MI:
Zondervan, 1993).

3장 누가 뭐래도 우리가 가장 눈부시다

1. "Our Roaring 20s: 'The Defining Decade'", *National Public
Radio* (April 2012). http://www.npr.org/2012/04/22/150429128/
our-roaring-20s-the-defining-decade.

2. http://www.youtube.com/watch?v=cAo0talMqqk.